CATHERINE MISSONNIER

SUPERMAN CONTRE CE2

Enquête à l'école

RAGEOT

ISBN 978-2-7002-5557-7
ISSN 1951-5758
Couverture : Anne-Lise Nalin
Illustrations intérieures : Jessica Secheret

Une rentrée ratée

Laure, ce matin, se réveille de très mauvaise humeur. Les baskets noires toutes neuves, que sa mère lui a achetées la veille, sont encore trempées. Elle ne pourra pas les mettre pour la rentrée. Elle va être obligée de porter ces horribles sandales bleu marine qui lui donnent l'air d'un bébé et avec lesquelles elle n'arrive pas à courir.

Évidemment, elle n'aurait pas dû sauter par-dessus le jet d'eau hier soir avec Popi. Mais alors à quoi bon avoir une petite chienne joueuse et un jardin ! Autant rester assise sur une chaise toute la journée !

Popi est sèche ce matin, mais pas les baskets. Tant pis, elle les mettra mouillées, on ne s'en apercevra pas.

Pour ce jour de rentrée, Laure a longuement pensé à ce qu'elle allait porter : le jean gris que maman lui a acheté à Saintes cet été, quand on a cru qu'elle avait une appendicite (c'est vrai qu'elle avait très mal au ventre, et une journée d'hôpital cela valait bien un jean neuf !), et le blouson gris et blanc, cadeau de ses cousins. Avec les baskets, l'effet sera terrible !

Maman crie dans l'escalier :

– Laure, tu es prête ? Ton déjeuner est servi, dépêche-toi si tu veux être à l'heure.

D'habitude, elle aime traîner au lit le plus longtemps possible, mais aujourd'hui, pas question de perdre du temps si elle veut mettre ses baskets noires. Elles ne sont pas faciles à enfiler, elles ne glissent pas, les lacets sont trop longs, elle n'arrivera jamais à faire une boucle qui tienne.

– Julie, viens m'aider.

– Tu exagères, je suis pressée, j'ai cours à 8 h 30 et Amélie m'attend au coin de la rue, tu n'avais qu'à te lever plus tôt.

Julie rouspète, mais en fait elle est sympa. Elle joue souvent avec Laure, bien qu'elle soit nettement plus âgée : elle a treize ans et demi et entre en troisième. Ce matin est aussi son jour de rentrée, elle tient à être à l'heure et n'a pas de temps à perdre pour lacer les chaussures de sa sœur.

Laure la rappelle d'une voix très malheureuse (avec Julie, il faut toujours exagérer un peu), elle finit par venir dans sa chambre.

– Elles sont mouillées tes baskets.

– Je sais, ne dis rien à maman, je courrai pour les faire sécher.

– Bon, bon, mais ne gigote pas tout le temps.

Julie attache les longs lacets noirs et se sauve. Julie fait toujours tout très vite et très bien. C'est une grande sœur très pratique, même si elle râle un peu quelquefois.

Laure habite Montaigü, un gros village d'Île-de-France, à vingt-cinq kilomètres de Paris, près de Saint-Germain-en-Laye. Montaigü a deux écoles maternelles, une école primaire et un collège. Laure va à l'école primaire, Julie au collège, Florence, la plus grande des filles, au lycée de Saint-Germain-en-Laye, et Marc, son frère aîné, est étudiant à Paris. L'organisation de la maison est parfois assez compliquée.

Dans la 2 CV de maman, Laure se demande dans quelle classe elle sera cette année. Elle entre au CE2 et il y en a trois à l'école de la

Châtaigneraie. Elle voudrait bien être chez M. Taquet. Un maître, c'est plus amusant qu'une maîtresse, et c'est plus sportif, surtout M. Taquet. Avec lui, on fait vraiment de la gymnastique et tous les ans, il emmène ses élèves à Roland-Garros pour voir jouer Federer, Nadal, Hennin et les autres. Une année, il les a même conduits au Stade de France assister à un match de football entre la France et la Hollande ! Cette année-là, Julie était dans sa classe. La photo des CE2 était parue dans le *Bulletin municipal*. Si elle est avec M. Taquet, peut-être aura-t-elle aussi sa photo dans le *Bulletin* ? Ce qui lui plairait, c'est de se trouver dans la même classe que Quentin et trois ou quatre autres de la bande : John, Ludovic, Nicolas... Ça ferait une bonne équipe pour jouer à la récréation.

La cour de l'école est pleine de parents qui s'agitent dans tous les sens en cherchant le nom de leur enfant sur les listes d'élèves. Et puis, les mères se retrouvent et se mettent à discuter. « Les vacances ont-elles été bonnes ?... Dans quelle classe est-il cette année ?... elle a bien grandi !... »

C'est fou ce que les mères sont bavardes.

Laure suit difficilement la sienne à travers la foule.

– Là, ce sont les CP, les CE2 doivent être plus loin.

En rang, devant la liste collée au mur, se serrent un paquet de marmots équipés de cartables trop grands, la mine inquiète. « Qu'ils sont petits », pense Laure, les dépassant avec un certain mépris, en balançant son cartable sur ses épaules.

Devant les listes du CE1, la foule est si compacte que Laure perd sa mère de vue. Autour d'elle, que des visages inconnus, elle ne sait plus dans quelle direction chercher. Sa mère a disparu. Elle a beau être grande et entrer en CE2, une pareille situation est désagréable. « Pourquoi y a-t-il tant de monde à l'école le jour de la rentrée ? Si ça continue, je ne saurai même pas dans quelle classe je suis quand la cloche va sonner, j'aurai l'air malin ! » Elle continue à avancer en donnant des coups de cartable pour se frayer un chemin.

Soudain, elle aperçoit Quentin.

– Salut, t'es avec qui ?

– Madame Durand !

– Ben ça, c'est pas de chance !

Mme Durand est la directrice de l'école, et elle n'est pas drôle du tout. Elle est sévère, déteste le sport et veut qu'on se taise et qu'on se tienne tranquille. Pour Quentin qui bouge tout le temps, ça va être dur.

Enfin, entre les têtes, Laure aperçoit sa mère qui discute avec celle de John et Ken. John et Ken sont des jumeaux coréens. Orphelins, ils ont été adoptés par des amis des parents de Laure il y a trois ans, quand Laure était encore en maternelle. Elle se souvient de leur arrivée à l'école : ils étaient timides, ne parlaient pas un mot de français et se tenaient immobiles et peureux l'un près de l'autre. Depuis, ça a bien changé. Ken est devenu le meilleur joueur de football de la bande et John est imbattable aux jeux vidéo. Laure se précipite vers sa mère.

– Tu exagères, je t'avais perdue, tu aurais pu m'attendre au moins, je ne savais plus où tu étais.

– Je cherchais ton nom. D'ailleurs je l'ai trouvé, tu es dans une drôle de classe, je n'ai jamais vu un pareil mélange ! Il y a huit CE2, treize élèves de CM2 et une nouvelle maîtresse que personne ne connaît. Il paraît que c'est fait exprès. Je trouve l'idée ridicule, la différence d'âge est trop grande entre vous et les CM2.

Et elle se remet à discuter avec la maman de John et Ken ainsi que celle de Gilles qui vient d'arriver.

Quand sa mère n'est pas contente, elle a tendance à crier et à s'agiter. Laure préfère donc s'éloigner pour parler tranquillement avec ses copains.

Ken est déçu de ne pas être avec son frère, et Gilles n'ose pas bouger de peur de perdre ses nouvelles lunettes. Laure les aime bien, mais pour jouer elle préfère Quentin, John et Ludovic, qui courent nettement plus vite. Malheureusement, ils sont soit chez Mme Durand (mais Laure n'a aucune envie d'être dans cette classe), soit, les veinards, chez M. Taquet.

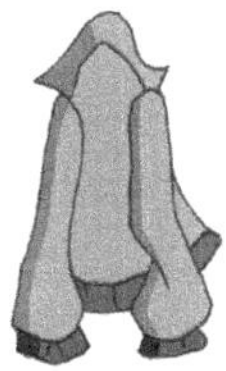

La plupart des amis de Laure sont des garçons. Elle trouve les filles un peu molles et s'ennuie en leur compagnie. Les activités des garçons, ballons, poursuites, billes, l'amusent beaucoup plus, et comme ses copains la trouvent sympa, elle est encore plus contente de jouer avec eux.

Cette année ne va pas être marrante à l'école. Laure se rappelle soudain qu'elle a mis ses nouvelles baskets pour les faire admirer, et bien sûr, comme d'habitude, personne n'a rien remarqué. Du coup, elle sent qu'elle a les pieds mouillés et éternue.

Décidément, cette rentrée est complètement ratée !

À la récré

Heureusement la nouvelle maîtresse est gentille, jeune et aussi très jolie. C'est sûrement la plus jolie maîtresse de l'école : elle est blonde, elle porte un pantalon rigolo et une grande veste verte, elle sourit souvent et elle sent bon.

Elle commence par distribuer à chacun de superbes cahiers de textes avec un emploi du temps, puis elle fait remplir des tas de fiches où chacun doit inscrire son nom, son adresse, sa date de naissance et la profession de ses parents.

Là commencent les difficultés ! Quel est le métier d'un père qui passe toute la journée à Paris, rentre tard, des tas de papiers sous le bras sur lesquels il écrit souvent le soir, et repart tôt le matin avant le réveil des enfants ? Il paraît, Laure le lui a demandé, qu'il est « conseiller juridique ». Elle a bien retenu le nom mais elle ne comprend toujours pas très bien ce que cela veut dire, sinon que c'est un métier où on écrit beaucoup.

Pour sa mère, la réponse est plus facile. Elle est architecte, ce qui signifie qu'elle dessine des plans de maisons. Elle ne travaille pas tous les jours, seulement le lundi, le mardi et le jeudi. Quand elle n'est pas là, c'est Fatima qui s'occupe de la maison et des enfants. Fatima est algérienne. Elle habite en France depuis longtemps. Elle est beaucoup plus calme que maman.

Les CM2 ont l'air bien sage, ils sont installés dans les rangées à gauche de la maîtresse, et les CE2 à droite. Laure est assise à côté d'Anne-Charlotte, qui était dans sa classe l'année dernière. Ça ne lui plaît pas trop d'être à la même table qu'une fille, mais Anne-Charlotte avait tellement peur de se retrouver seule ou avec un garçon qu'elle a tiré Laure de toutes ses forces pour qu'elle vienne près d'elle.

Anne-Charlotte est gentille bien qu'un peu « bébé » ; elle ne fait pas partie de la bande des copains de Laure. Dans sa bande, il y a deux filles : Clothilde et elle. Clothilde ne court pas très vite et est plutôt peureuse, mais elle est maligne et joue bien aux billes.

La maîtresse se lève et ramasse les fiches. En prenant celle de Ken, elle commente :

– Tu n'as pas tout rempli, il manque la profession de ton père.

– Je ne sais pas très bien ce qu'il fait, répond Ken. Il travaille dans un bureau où on construit des centrales nucléaires, mais je ne sais pas quel métier c'est exactement.

– Ingénieur, voyons, dit une voix autoritaire et désagréable derrière Laure.

Bertrand Legoff ! Elle n'avait pas remarqué qu'il était dans sa classe ; quel cadeau ! C'est le plus casse-pieds de tous les élèves de CE2, il sait tout, répond avant les autres même quand il n'est pas interrogé, et donne des leçons de morale à ceux qui ne lui demandent rien. Personne n'a envie de l'avoir dans sa classe.

L'année dernière, sa mère s'était plainte à la maîtresse et à la directrice parce qu'on se moquait de lui, mais il l'avait bien mérité, avec son air de petit génie prétentieux ! Il ne va jamais au cinéma et, chez lui, il ne regarde pas la télé « pour se consacrer entièrement à ses études », comme dit sa mère. Ça va être drôle cette année de l'avoir sur le dos !

Enfin, la cloche de la récréation sonne, tous les enfants se précipitent dehors, et, horreur, la maîtresse les arrête et dit :

– Vous devez aller jouer dans la cour de derrière, madame la directrice l'a décidé ainsi, car vous êtes une classe à majorité de CM2.

Évidemment les autres, Quentin, Ludovic, John, Nicolas, Clothilde... vont être dans la cour de devant, celle des petits. Décidément le CE2 commence très mal, Laure est furieuse. Elle ne va pas jouer à la marelle avec Anne-Charlotte quand même ! D'abord Anne-Charlotte est minuscule, elle vient juste d'avoir sept ans ; elle, Laure, aura huit ans le 10 décembre, c'est-à-dire bientôt.

Elle s'assied sur un muret de pierre dans un coin de la cour. Elle n'est pas contente : la vie est vraiment trop injuste. Elle a presque envie de pleurer. Elle baisse le nez, contemple ses baskets neuves, et voilà une grosse larme qui roule le long de son nez et tombe par terre. Elle renifle et regarde tristement la cour. Il n'y a que des grands qu'elle ne connaît pas et qui jouent à des jeux sans intérêt.

Soudain M. Taquet arrive, il a un grand cahier sous le bras et se dirige vers la maîtresse de Laure.

« Ils vont peut-être faire un échange d'élèves », se dit Laure, un vague espoir au cœur. Elle regarde M. Taquet avancer et, soudain, une idée lui traverse la tête : « Si monsieur Taquet vient dans notre cour, moi je peux bien aller dans la cour de devant. »

Du coup, elle n'est plus triste. Elle se lève et se dirige, l'air indifférent (il ne faut surtout pas qu'on se doute de ses intentions), en sifflotant, le nez au vent, vers le couloir par lequel M. Taquet est arrivé. Ce couloir, elle le connaît bien, il passe devant les toilettes, la salle des maîtres et... devant le bureau de Mme Durand, un endroit particulièrement dangereux. Si la porte du bureau est ouverte, la directrice va la voir et lui demander ce qu'elle fait là.

Laure pénètre avec prudence dans le couloir, comme si elle allait aux toilettes. Jusque-là, pas de problème. Ensuite, il faut passer devant la salle des maîtres. La porte est ouverte et on entend des voix. Elle n'a pas trop peur, car, la plupart du temps, les maîtres et les maîtresses bavardent entre eux, se racontent leurs histoires de vacances, de voitures, font du café, et ne regardent pas dans le couloir.

Si elle marche naturellement, il y a une chance pour que personne ne la remarque.

Elle enfonce ses poings dans ses poches, respire un grand coup et avance. Ouf ! Les maîtres ne l'ont pas vue.

Maintenant, reste le plus risqué. Le couloir fait un coude ; là où elle se trouve, on ne peut pas encore l'apercevoir du bureau de Mme Durand. Elle se colle contre le mur et avance tout doucement pour voir si la fameuse porte est ouverte ou fermée. Chance ! Super-chance ! Elle est fermée. Laure se met à courir, passe devant le dangereux bureau, puis devant les toilettes des petits et enfin arrive dans « sa » cour.

Elle a eu un peu peur et s'arrête un moment pour souffler. Là, au milieu de tous les autres, les maîtres ne feront pas attention à elle. D'abord, ils ne savent pas encore vraiment dans quelle classe sont les élèves et dans quelle cour ils ont le droit de jouer. Elle cherche ses amis des yeux... et des oreilles. Généralement, il est assez facile de les trouver, ils sont là où on crie le plus fort.

Elle entend hurler :

– Ça y est, je t'ai eu. Arrête, je te dis que je t'ai touché.

C'est Ludovic, le plus costaud de la bande, qui a attrapé John. Elle court vers eux :

– À quoi vous jouez ?

– Tiens, Laure ! Pourquoi t'étais pas là ? On t'a cherchée tout à l'heure.

– Je suis dans la classe de la nouvelle maîtresse, avec des CM2 ; je dois jouer dans la cour des grands, je n'ai pas le droit de venir ici.

– Alors, comment t'es venue ?

– Je suis passée par le couloir de la salle des maîtres et du bureau de la directrice.

– Ils ne t'ont pas vue ?

– Non, la porte de madame Durand était fermée et les maîtres étaient occupés.

– Génial, allez viens, on joue à chat-ballon.

Laure se met à courir et, avec ses baskets noires, elle est super rapide. Elle saute, elle crie, attrape Nicolas qui attrape John, qui attrape Quentin, qui la rattrape elle et... la cloche sonne la fin de la récréation.

Il faut très vite retourner dans l'autre cour, avant que les élèves ne rentrent dans les salles de classe. Laure n'est pas tranquille, elle ne peut plus se permettre de prendre son temps comme tout à l'heure, sinon elle sera en retard.

Tant pis, on verra bien ce qui arrivera. Elle traverse le couloir, en courant presque, sans regarder à droite ni à gauche et déboule dans la cour des grands juste au moment où la classe commence à monter l'escalier.

Elle se glisse à côté d'Anne-Charlotte et avance le plus calmement possible, mais son cœur bat un peu vite.

– Où étais-tu ? lui demande Anne-Charlotte. Je ne t'ai pas vue à la récré.

– Oh, j'étais assise dans un coin à regarder les grands, répond Laure en poussant le soupir de quelqu'un qui s'est beaucoup ennuyé.

Et elle va tranquillement s'installer à sa place.

Le portefeuille noir

L'après-midi, au lieu d'écouter la maîtresse expliquer comment elle va organiser le travail de la classe, Laure se demande si elle arrivera à traverser le couloir tout à l'heure, à la récréation, pour rejoindre ses amis.

Elle leur a promis de venir, parce que Gaétan a annoncé qu'il apporterait son nouveau robot transformable, celui que son parrain lui a offert pendant les vacances. C'est un robot tout nouveau qui peut se changer en fusée et en moto intergalactique.

– Laure ! épelle-moi : les oiseaux chantent.

– …

– Laure ! Tu rêves ?

– Ben non, pourquoi ?

Toute la classe éclate de rire. Laure est furieuse et vexée.

La maîtresse répète :

– Comment épelles-tu : les oiseaux chantent ?

Laure trouve cette question idiote : faut-il épeler tous les mots ou seulement le verbe ? Que demande-t-elle, au juste, la maîtresse ?

Pendant qu'elle réfléchit, une voix forte et bien articulée s'élève derrière elle :

– C-H-A-N-T-E-N-T, madame.

Bertrand ! Encore ce sale fayot de Bertrand, toujours à se faire remarquer pour être bien vu de la maîtresse !

Laure se retourne brutalement et lui jette un regard noir.

– C'est pas toi qui es interrogé, que je sache ?

– Calme-toi, dit la maîtresse, je prends un autre exemple de règle de grammaire, comment écris-tu le « a » dans Laure va « à » la plage ?

– Avec un accent grave bien sûr !

– Pourquoi ?

– Parce qu'on ne peut pas le remplacer par « avait ».

– Bien ! Nous allons continuer ces révisions de grammaire, mais, s'il te plaît Laure, fais attention à ce que je dis.

Comme la maîtresse est gentille et que les règles de grammaire sont quelquefois amusantes, Laure se tait et écoute jusqu'à la récréation.

Quand la cloche sonne, elle se précipite vers la porte, bousculant tout le monde et écrasant les pieds des autres, surtout ceux de Bertrand, pour essayer de sortir la première.

Une fois dans la cour, elle se calme et s'efforce de marcher lentement tout en observant ce qui se passe du côté du couloir des maîtres. Voilà madame la directrice qui arrive, par ce fameux couloir. Au moins elle ne sera pas dans son bureau. Mais il faudrait aussi qu'elle ne fasse pas attention aux élèves.

La directrice jette un regard circulaire pour voir si la récréation se passe normalement. Apparemment elle est satisfaite, les grands chahutent moins que les petits. Elle se dirige alors vers Mme Pernelle qui est de surveillance ce jour-là et se met à lui parler avec grand sérieux, en lui montrant des tas de papiers qu'elle tient dans la main. Elles sont très occupées toutes les deux par leur conversation.

Laure en profite pour se glisser vers l'entrée du couloir. Un coup d'œil à droite, un coup d'œil à gauche, personne ne fait attention à elle. Anne-Charlotte joue avec Anita ; Gilles et Ken sont à l'autre bout de la cour ; « C'est bon, se dit Laure, j'y vais. »

Elle passe devant la salle des maîtres et s'apprête à courir pour dépasser le bureau de la directrice, quand dans un coin, contre le mur, elle aperçoit un objet inhabituel : un portefeuille noir. Elle se baisse, le ramasse et rejoint rapidement ses amis qui ont déjà commencé à jouer.

– Alors, tu te dépêches, crie Gaétan, on fait un chat américain, c'est Ludovic le chat et Clothilde a été touchée.

Sans réfléchir, Laure met le portefeuille dans sa poche et file rejoindre Gaétan. Le chat américain est un jeu très amusant : on fait deux équipes, quand on est touché par le chat de l'autre équipe, on doit rester immobile, les jambes écartées et, pour être délivré, il faut qu'un membre de son équipe passe sous les jambes de celui qui est touché. Laure est très bonne à ce jeu, car elle est souple et rapide.

Ludovic lui crie :

– Tu es avec moi.

– Ah ! non, proteste John, ce matin, elle était déjà avec toi.

– Oui, mais ce matin, on jouait à chat-ballon.

– Bon, mais alors demain Laure est dans mon équipe.

– D'accord, d'accord ! Allez, on continue.

Et Laure se sauve pour échapper à Nicolas qui court lui aussi très vite. Il faut délivrer Clothilde qui commence à s'impatienter. Laure esquive Nicolas qui se fait toucher par Gaétan et elle file vers Clothilde. Mais elle n'a pas vu Quentin qui arrive de l'autre côté et a eu la même idée.

– Clothilde ! Laisse-moi de la place !

Clothilde fait ce qu'elle peut, car elle n'est pas très grande. Laure fonce, Quentin court de l'autre côté. Cette sotte de Clothilde a mis une jupe neuve, bien longue. Laure ne voit pas Quentin, ils arrivent en même temps, se baissent, et... bing... quel choc ! Tout le monde tombe par terre, Laure et Quentin un peu assommés, et Clothilde par-dessus eux. Ça fait drôlement mal, Laure est tout étourdie et Quentin crie à tue-tête :

– Idiote, tu ne peux pas faire attention, tu as bien vu que j'arrivais.

– Imbécile, comment voulais-tu que je te voie, la jupe de Clothilde n'est pas transparente !

Laure sent qu'elle va pleurer. Les autres se rassemblent autour d'eux et commencent à se disputer.

Soudain, on entend la voix de M. Taquet :

– Que se passe-t-il ? Vous en faites un chahut !

Laure a soudain très peur, elle en oublie son mal de tête.

– Taisez-vous, taisez-vous, sinon il va me remarquer, monsieur Taquet sait bien que je dois rester dans la cour des grands.

– Rien monsieur, c'est pas grave, dit Ludovic très fort, on est tombés, c'est fini.

Les éclopés se relèvent et se secouent. À ce moment, sur le gravier de la cour, là où se débattaient les enfants, ils aperçoivent le portefeuille noir qui est tombé de la poche de Laure.

– À qui c'est ce portefeuille ? demande Clothilde.

– Montre, dit Quentin, qui veut toujours tout savoir avant les autres.

Il prend le portefeuille et commence à fouiller dedans.

– Arrête, crie Laure, et fais attention, je l'ai trouvé par terre dans le couloir de la directrice.

– Il faut le rendre immédiatement, on n'a pas le droit de garder ce qui n'est pas à nous, déclare Gaétan dont le père est avocat et qui parle sans arrêt de ce qu'on a le droit ou pas le droit de faire.

– Mais si on le rend, il faudra dire où je l'ai trouvé. La directrice saura que je passe par son couloir et je vais me faire punir, ou peut-être même renvoyer !

Nicolas, qui a l'esprit pratique, propose :

– Allons nous installer au calme dans un coin et voyons ce qu'il y a dedans, après on prendra une décision.

Ils se dirigent vers un angle de la cour un peu à l'écart et dissimulé par des arbustes. Quentin tient toujours le portefeuille et Laure n'est pas très tranquille.

– C'est moi qui l'ai trouvé, c'est moi qui l'ouvre, dit-elle.

Elle reprend le portefeuille des mains de Quentin. Les enfants font cercle autour d'elle ; elle s'assoit par terre et, un à un, sort les papiers qu'il contient :

• une carte bleue brillante, comme celle qu'on met dans les guichets automatiques pour avoir de l'argent, au nom de Philippe Charpentier, avec une adresse à Paris ;

• des cartes de visite de plein de gens différents avec quelquefois des choses écrites au dos ;

• un permis de conduire au nom de Pierre Marcus ;

• un papier d'un hôtel de Nice, avec un drôle de nom : le *Negresco*, et des tas de chiffres les uns en dessous des autres ;

• trois billets de vingt euros ;

• et une petite carte toute blanche, comme la carte bleue, mais sans un mot écrit dessus.

– C'est à monsieur Marcus, dit Nicolas, c'est son nom sur le permis, et aussi sa photo.

M. Marcus est un nouveau maître. Il impressionne un peu les enfants et les attire aussi car il est particulièrement grand, musclé, bronzé et il porte un superbe blouson d'aviateur qui fait baver d'envie tous les garçons. Il a une classe de CM1.

– Mais, dit Nicolas, c'est bizarre, la carte bleue n'est pas à son nom.

– C'est peut-être à un de ses amis.

– Ça m'étonnerait, on ne prête pas ces cartes-là ! Mon père dit qu'il faut faire très attention de ne pas les perdre, car si elles tombent entre les mains de quelqu'un de malhonnête, il peut te prendre tout ton argent.

– En tout cas, il faut le rapporter, il y a soixante euros dedans, et si on les garde, on dira que nous sommes des voleurs.

– D'accord, d'accord, mais c'est quand même étrange, cette carte au nom de Philippe Charpentier… et ce papier de l'hôtel avec tous ces chiffres, on dirait une facture. Regardez en bas, il y a écrit cinq cent vingt euros. C'est sûrement un hôtel de luxe. Il doit être riche, monsieur Marcus.

– Il a peut-être fait un héritage.

– De toute façon, insiste Gaétan, il faut rendre le portefeuille.

– Non, dit soudain Laure, pas maintenant, je veux d'abord le montrer à mon frère, il est à la maison en ce moment. Demain on rendra le portefeuille, ou on le remettra où je l'ai trouvé, comme ça personne ne nous posera de questions.

– C'est idiot, ton frère va tout raconter à tes parents et tu vas te faire attraper.

– Pas Marc, c'est pas un traître, il me grondera peut-être, mais il ne dira rien à maman. Et il a souvent de bonnes idées.

Au même instant, la cloche de fin de récréation retentit, il faut filer. Laure remet le portefeuille dans sa poche et se dirige vers le couloir. Juste comme elle dépasse la salle de réunion des maîtres, M. Taquet en sort. Laure n'hésite pas une seconde, elle se glisse dans les toilettes.

– Allons Laure, dit M. Taquet, tu aurais pu y aller avant, maintenant il faut rentrer en classe.

– Oui, monsieur, je me dépêche.

Trois secondes après, elle rejoint Anne-Charlotte dans les rangs, au pied de l'escalier, et monte sagement les marches. Avec tout ça, elle a oublié de demander à Gaétan de lui montrer son robot !

L'idée de Marc

À quatre heures et demie, Laure se faufile hors de la classe et dégringole à grande vitesse le petit chemin en escalier qui relie l'école à la rue principale de Montaigü. Elle bouscule tout ce qu'elle rencontre et déclenche plusieurs réactions de mauvaise humeur.

– Tu ne peux pas faire attention ! lui crie une fille prudente et un peu terrorisée par ce bolide qui dévale la pente.

– Plus c'est petit, plus c'est mal élevé, grogne une grosse dame furieuse, qui monte péniblement la côte pour aller chercher ses enfants.

Laure ne s'excuse même pas, elle file. Dans la grand-rue, elle slalome entre l'étroit trottoir et la chaussée pour dépasser les autres piétons.

Quand elle atteint sa maison, elle est essoufflée et toute rouge.

– Eh bien ! dit Fatima, qu'est-ce qui t'arrive ? Tu as le diable aux trousses ?

Laure aime beaucoup Fatima ; il y a longtemps qu'elle vient aider sa maman. C'est elle qui sait où sont rangés les vêtements, où est caché le chocolat, à quelle heure il faut partir à l'école, ce qu'il faut emporter à la piscine… et qui prépare de la purée pour ceux qui n'aiment pas la ratatouille, et des œufs pour ceux qui détestent le poisson.

Maman, elle, fait les courses au supermarché, achète les habits, va voir les maîtresses et les professeurs, remplit tous les papiers de l'école, conduit à la gymnastique, à la danse, au tennis, va chercher Florence au lycée le samedi ou Marc à Paris pour le week-end, assiste aux réunions de classe, explique les leçons difficiles et surveille les devoirs…

Enfin elle fait tellement de choses que souvent elle en oublie et quelquefois elle s'énerve et se met en colère ; mais quand elle crie un peu trop fort, elle le regrette et, pour se faire pardonner, devient toute gentille et câline.

Aujourd'hui, maman est au bureau. Tant mieux ! Car si elle voyait le portefeuille, il y a des chances pour qu'elle ne soit pas contente.

Laure ne répond pas à Fatima et n'accorde aucune attention à Popi qui lui saute dans les jambes pour lui dire bonjour. Elle monte directement voir Marc. Il est à la maison car ses cours n'ont pas encore commencé.

– Tu peux m'aider ? crie Laure en entrant comme une bombe dans la chambre de son grand frère.

Marc est sympa, mais il n'aime pas être dérangé quand il lit ou travaille.

– Ferme la porte et arrête de hurler comme ça, qu'est-ce qui t'arrive ? Tu es excitée comme une puce.

– Il faut que tu m'aides, c'est très important et c'est grave.

– Quelle bêtise as-tu encore faite ?

Marc a l'habitude de réparer les multiples objets que Laure casse.

– C'est pas une bêtise, j'ai trouvé un portefeuille.

– Dans la rue ?

– Non, à l'école.

– À l'école ! Mais alors, il faut le donner à la maîtresse ou à la directrice, il appartient sûrement à quelqu'un !

– Oui, je m'en doute bien, mais j'ai regardé dedans, c'est bizarre.

– Bizarre ? Qu'est-ce que tu vas encore inventer ?

– Oui, bizarre. Il y a des papiers de monsieur Marcus et des papiers à un autre nom, et aussi une facture d'hôtel très chère, et plein de cartes de visite différentes…

– Et alors, je ne vois là rien de bizarre.

– Et puis une drôle de carte toute blanche, comme une carte bleue, mais avec rien dessus.

– Montre-moi tout ça.

Laure sort le portefeuille qui était bien enfoncé dans sa poche et le pose sur le bureau de son frère. Marc l'ouvre, le vide, place les objets côte à côte sur la table et contemple l'ensemble avec attention.

– En effet, c'est plutôt curieux. Ça ne veut peut-être rien dire, mais ce n'est quand même pas tout à fait normal.

– Tu vois bien que j'avais raison.

– Je ne sais pas si tu as raison, mais je sais que si tu ne rapportes pas ce portefeuille, tu vas avoir de sérieux ennuis.

– Je sais, mais si je le rends, on n'aura plus de preuves.

– Des preuves ! Des preuves de quoi ?

– On ne saura jamais si monsieur Marcus est un maître ordinaire ou bien un espion.

– Tu ne crois pas que tu exagères un peu ! Attends, je réfléchis… on va faire des photocopies.

– Super idée ! Allons-y.

Le papa de Laure a installé un petit photocopieur dans son bureau. C'est très pratique car dans une famille nombreuse, on a souvent besoin de photocopies pour l'école, la Sécurité sociale, les impôts… Marc glisse un à un les papiers du portefeuille dans la machine.

– Tu as tout copié ? demande Laure.

– Oui, tout, recto et verso.

– Recto et verso, ça veut dire quoi ?

– Des deux côtés du papier. Ah ! et les billets.

– Les billets… tu crois ?

– Pourquoi pas, ils sont peut-être faux.

Marc photocopie les billets, puis il remet les documents soigneusement à leur place. Il prend ensuite les photocopies et les glisse dans une chemise en carton bleu.

– Voilà notre dossier, allons l'étudier en détail.

Ils remontent vivement dans la chambre de Marc et examinent une à une les photocopies. Elles sont bien nettes, on peut tout lire. Marc a même photocopié la carte blanche : on ne voit presque rien sur la copie, juste un peu le dessin du bord de la carte et quelques vagues rayures très pâles.

– Cette copie-là ne servira pas à grand-chose, déclare Laure.

– Qui sait, il vaut mieux tout prévoir. Maintenant range ce portefeuille et, dès ton retour à l'école, remets-le où tu l'as trouvé.

Laure va cacher le portefeuille dans son cartable et descend goûter.

– Laure, ton chocolat va être froid. Si tu traînes comme ça, tu n'auras jamais le temps de faire tes devoirs, dit Fatima.

Comme si elle pensait à ses devoirs aujourd'hui ! D'ailleurs, le jour de la rentrée, la maîtresse ne donne presque pas de travail, juste quelques révisions et les livres à couvrir.

Laure est inquiète, peut-être a-t-elle été trop audacieuse ? Pourvu qu'on ne la voie pas demain déposer le portefeuille dans le couloir ! Du coup, elle vide son bol à toute vitesse, et, bien sûr, après, elle a très mal au ventre.

Laure a souvent mal au ventre. C'est désagréable mais c'est pratique. Quand elle veut rester à la maison, les jours où maman est là, elle a brusquement mal au ventre, et aussi quelquefois le soir quand elle est triste. Alors maman la couche, lui apporte son repas au lit sur un plateau, ou lui fait des tisanes au miel ; puis elle s'assied sur le bord du lit et bavarde avec elle.

Quand Laure est malade, maman s'arrête de courir partout et s'occupe d'elle. Mais si elle pense que ce n'est pas un vrai mal au ventre, elle s'énerve. Du coup, le mal au ventre devient vrai.

Mais, en ce moment, pas question de se plaindre. D'ailleurs Fatima croit beaucoup moins au mal au ventre que maman.

Ce soir-là, Laure n'a pas très faim, elle reste silencieuse pendant le dîner. Son père paraît surpris :

– On ne t'entend pas, Laure, tu sembles bien préoccupée, ta nouvelle maîtresse est sévère ?

– Pas du tout, elle est très gentille au contraire.

– Qu'est-ce qui te tracasse ?

Laure ne sait pas quoi répondre. Heureusement, maman vient à son secours sans le vouloir :

– Elle n'est pas contente car elle n'est pas dans la même classe que Quentin. D'ailleurs cette classe me paraît absurde...

Voilà sa mère qui s'excite de nouveau à propos de l'école. Elle va en parler au moins pendant une heure. Laure peut réfléchir en paix à ses propres problèmes.

Au moment de se coucher, Marc vient gentiment lui dire bonsoir dans son lit.

– Ne t'inquiète pas voyons, tu n'as rien fait de grave, tu as juste été un peu curieuse et, qui sait, peut-être n'as-tu pas eu tort.

Mais la nuit est quand même agitée.

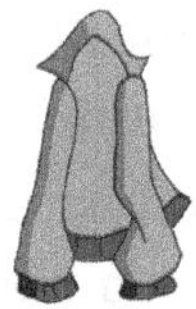

Le lendemain matin, les autres l'attendent avec impatience devant l'école.

– Alors, qu'est-ce que ton frère a dit ?

– Tu le lui as laissé, ou tu l'as ramené ?

Fièrement, elle annonce :

– On a fait des photocopies de tous les papiers, et même des billets.

– Ça, c'est une drôlement bonne idée, et le portefeuille ?

– Marc a dit que le mieux était d'aller le remettre où je l'ai trouvé, comme ça, personne ne saura qu'on y a touché.

– Et les empreintes digitales ? dit John qui regarde beaucoup de films policiers à la télé.

– Zut, je n'y avais pas pensé, il faut les effacer !

Quentin sort de sa poche un mouchoir et propose d'essuyer le portefeuille.

– Pas très propre ton mouchoir, il va laisser des traces.

– Mais non, idiot, ce sont les traces de doigts qui se voient, pas celles de mouchoir.

Avec le mouchoir sale de Quentin, les enfants essuient soigneusement les deux faces du porte-feuille en soufflant dessus comme pour nettoyer des lunettes. John a vu faire ça dans un film, il paraît que c'est plus efficace.

– Maintenant, vas-y !

Laure a les jambes toutes molles, et vraiment très mal au ventre, mais elle ne peut pas se dégonfler devant les autres. Elle enveloppe le portefeuille dans le mouchoir de Quentin, l'enfonce dans sa poche, et se dirige bravement vers la cour de l'école. À cet instant, elle entend une voix pointue derrière elle :

– Tu as révisé ta table de 5 ?

C'est ce casse-pieds de Bertrand, il tombe toujours bien celui-là !

– Non, je n'ai pas eu le temps.

– Ce n'est pas sérieux, la maîtresse a demandé qu'on la révise, tu veux que je te la fasse réciter ?

Quel empoisonneur ! Comment s'en débarrasser ? Elle aperçoit Gilles et Ken assis sur le mur, en train d'échanger des images. Idée…

– Moi, je la sais, c'est facile, ça finit toujours par cinq ou par zéro. Mais Gilles et Ken ne la savent pas bien, va donc les aider…

Fier de son savoir, Bertrand se dirige vers les deux garçons. « Ils vont sûrement être furieux, pense Laure, tant pis, il fallait qu'il me fiche la paix. » Et elle en profite pour disparaître.

Cette fois-ci, elle a vraiment peur. Il faut faire vite, la cloche va sonner d'un moment à l'autre. Personne à droite, personne à gauche, elle fonce. La porte de la directrice est ouverte. Laure entend des voix ; la directrice parle avec les parents de Clémentine qui veulent que leur fille change de classe. Ils semblent bien occupés là-dedans et ne vont peut-être pas la remarquer.

Elle compte jusqu'à trois et elle passe… rien ne se produit, elle respire. Bien cachée dans l'angle du couloir, elle sort doucement le portefeuille avec le mouchoir, le pose par terre dans le coin le plus sombre et réempoche le mouchoir… berk, il n'est vraiment pas propre ! Puis elle file à toute vitesse vers la cour des grands. Il était temps, la sonnerie retentit.

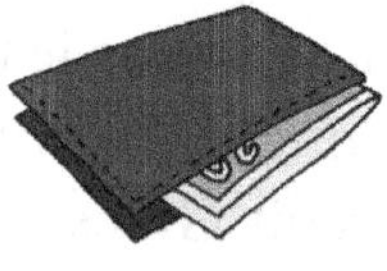

Aussitôt à sa place, Laure sort doucement sa table de 5 et la glisse sous son cahier de brouillon. Il faut absolument qu'elle révise. Au début ça va bien, mais après 5 x 5, elle mélange tout.

6 x 5 = 30 ; 7 x 5… 40 ? 45 ? Zut, ça ne rentre pas dans sa tête, elle recommence : 6 x 5 = 30 ; 7 x 5… un coup d'œil à la table : 35 ; 8 x 5…

– Laure, j'ai dit de prendre le fichier bleu, fiche n° 3, qu'est-ce que tu attends ? Décidément, ce matin tu es dans la lune !

Laure prend son fichier, la table de 5 glisse et tombe par terre. La maîtresse s'avance et la ramasse.

– Ce n'est pas l'heure des mathématiques, mademoiselle Laure, et cette table, tu devais la réviser à la maison, pas à l'école ; je la confisque, tu me la réciteras tout à l'heure.

Laure devient rouge tomate, et brusquement elle a envie de pleurer et très mal au ventre. Et voilà Bertrand qui crâne derrière elle. Furieuse, elle se retourne :

– Toi, le fayot, tais-toi ou je te fais cogner par Ludovic à la sortie.

Ludovic, c'est le plus costaud de la bande. Toute la classe éclate de rire, la maîtresse s'écrie :

– Silence !

Mais on voit bien qu'elle aussi a envie de rire.

– Dans vos fichiers bleus, répète-t-elle, prenez la fiche n° 3.

Bertrand boude, tant mieux ! Les élèves de CE2 sortent le fichier bleu, et on travaille.

Juste avant la récréation, Laure se tourne vers Anne-Charlotte :

– Tu peux me passer ta table de 5, il faut que je la révise, je vais être interrogée tout à l'heure.

Anne-Charlotte est peut-être petite, mais elle est très serviable, soigneuse et organisée. Sa table de 5 est écrite sur un joli carton bleu et sa maman a collé du plastique autour pour qu'il ne s'abîme pas. Laure glisse le petit carton dans sa poche.

Dans la cour, elle s'installe dans un coin tranquille et révise aussi vite que possible. Cette fois, il faut qu'elle s'en souvienne. Soudain, elle repense au portefeuille : est-ce que quelqu'un l'a trouvé ? Elle a très envie d'aller voir. Elle récite sa table encore une fois et se dirige vers le couloir. La salle des maîtres et le bureau de la directrice sont fermés. Elle avance jusqu'à l'endroit où elle a déposé le portefeuille noir tout à l'heure.

Il a disparu.

On espionne M. Marcus

Les jours suivants, les enfants observent M. Marcus à la récréation, à la cantine, dans les couloirs. Mais le nouveau maître ne semble pas particulièrement inquiet. Les garçons affirment que ses poches ne contiennent pas de pistolet, seul Gilles pense qu'il a vu un gilet pare-balles sous sa chemise. Mais comme Gilles oublie souvent ses lunettes et que personne ne sait exactement à quoi ressemble un gilet pare-balles, les autres n'y croient pas vraiment.

Les enfants reprennent leurs jeux habituels. Clothilde ne met plus de jupe longue pour jouer au chat américain, Gilles et Ken empruntent aussi le couloir qui permet de rejoindre la cour des petits et la bande est souvent au complet.

Le soir, Laure va régulièrement examiner le dossier caché dans un des classeurs de Marc, mais elle n'y trouve rien de nouveau.

Un samedi après-midi, elle a invité Nicolas, Quentin, John, Ken, Gaétan et Ludovic à jouer chez elle. Ils veulent voir le dossier. L'entreprise est risquée car ce jour-là, les parents sont à la maison. Pendant que Marc est parti jouer au tennis avec un ami, la petite troupe monte dans sa chambre et s'y enferme en prétendant écouter des CD. Ils mettent la musique très fort. Ken fait le guet, et les autres, couchés à plat ventre sur la moquette, regardent avec attention chacune des photocopies. Ils se répètent que c'est bizarre, mais ne comprennent pas ce que cela signifie.

– Après tout, monsieur Marcus est peut-être un maître comme les autres, soupire John déçu.

– Tu parles oui, si tu crois que monsieur Lemeur va dans des hôtels comme ce *Negresco* !

M. Lemeur est un maître de CM2 qui porte toujours le même vieil imperméable usé et raconte avec grand sérieux des histoires drôles ou invraisemblables qui font beaucoup rire les enfants.

– J'ai demandé à mon père s'il le connaissait, il m'a dit que c'était l'hôtel le plus cher de Nice. C'est sur la Côte d'Azur, là où il y a plein de vedettes de cinéma et de milliardaires.

– Si on était des policiers, on irait à Nice poser des questions aux gens de l'hôtel, je suis sûr qu'on trouverait un indice.

– Un indice de quoi ?

– Mais je ne sais pas moi, de la vie mystérieuse de monsieur Marcus.

– Ici, en tout cas, elle n'a rien de mystérieux sa vie, il fait la classe au CM1.

– Oui, mais après la classe, tu sais où il va ?

– Eh bien... il rentre chez lui.

– Tu en es sûr ? On ne sait rien de monsieur Marcus, on ne sait même pas où il habite.

– C'est normal, il vient d'arriver, mais ce que tu dis n'est pas bête.

– Merci quand même, dit Gaétan vexé.

– Au fond, conclut Laure, il faudrait savoir ce qu'il fait en dehors de l'école.

– On va l'espionner !

Ça, c'est une idée géniale, espionner quelqu'un promet d'être passionnant. L'été pendant les vacances, Laure et ses cousins jouent à espionner les aînés : ils se cachent sous les lits, ouvrent doucement les portes, cela met les autres très en colère. Ils courent après les petits qui cherchent de nouvelles cachettes. Ça dure la journée entière.

– Comment va-t-on faire ?

– On va constituer des équipes et on se relaiera.

Nicolas, l'organisateur, prend les choses en main : le premier groupe espionnera à la récréation du matin, le deuxième pendant le déjeuner de midi, le troisième à la récréation de l'après-midi et le quatrième à quatre heures et demie. Comme ça, si M. Marcus remarque que les enfants le suivent, il ne se doutera de rien car les équipes changeront tout le temps.

– Comment on va faire à midi et le soir ? Je mange à la cantine, et le soir ma mère vient me chercher, c'est pas facile pour espionner.

Comme d'habitude, quand ce n'est pas lui qui a eu l'idée, Gaétan rouspète.

– À midi, je le suivrai, propose Laure. Si je suis un peu en retard à la maison, Fatima ne dira rien. Mais s'il a une voiture, impossible de courir derrière.

– On relèvera le numéro !

– Et tu en feras quoi, du numéro ?

– On cherchera si c'est un numéro normal ou celui d'une voiture volée.

– Idiot (décidément John regarde trop de films policiers), tu penses bien qu'il ne va pas venir à l'école tous les jours avec une voiture volée, il est plus intelligent que ça. Non, ce qu'il nous faut, c'est un grand qui sache conduire et qui nous aide.

– Je peux demander à Marc...

Laure hésite, Marc acceptera peut-être de l'aider, à moins qu'il ne se moque d'elle.

– Bon, alors tu dis à Marc de venir te chercher à l'école en voiture à midi, et vous suivez monsieur Marcus.

– Je vais voir s'il est d'accord, et si maman a laissé la vieille 2 CV à la maison. C'est pas sûr que ça marche, mais je vais essayer.

– Et le soir ?

– Là, ce sera plus difficile, il faut trouver une autre voiture.

– Je vais demander à ma sœur, suggère Gaétan, en ce moment elle ne travaille pas.

– Bon, alors on fait les équipes, reprend Nicolas avec autorité. Le matin à l'école : Gilles et Ken ; à midi avec Laure, moi...

– Et pourquoi toi ? hurle Quentin.

– Parce que c'est moi qui ai eu l'idée, et si tu n'es pas content, tu n'espionnes pas.

– Tu vas voir si je n'espionne pas !

Et Quentin flanque un grand coup de pied dans les jambes de Nicolas. Ça n'est pas très malin parce que Nicolas est plus costaud que Quentin. Ils roulent par terre en hurlant et en se tapant dessus.

Ils font tellement de bruit que la maman de Laure fait irruption dans la chambre. Elle est très mécontente et menace de renvoyer chacun chez soi, si ce chahut ne cesse pas immédiatement.

– Et puis ne restez pas enfermés ici, allez dehors, il fait un temps splendide.

Les parents veulent toujours que les enfants aillent jouer dehors, c'est une manie. La petite troupe se transporte dans le jardin. Ils vont s'asseoir sur l'herbe dans le coin le plus éloigné de la maison pour qu'on ne les entende pas.

– Bon alors, on réorganise les équipes, reprend Nicolas malgré un œil bleu-violet.

– Mais c'est pas toi qui décides tout seul, protestent les autres.

– On va « ploufer » pour savoir qui est avec qui.

Ludovic est un sage, et c'est aussi le plus fort de la bande. Sa proposition calme tout le monde. On ploufe : l'équipe du matin sera composée de Gilles et Ken, celle de midi de Laure et John, celle de l'après-midi de Nicolas et Ludovic, et celle du soir de Gaétan et Quentin.

La grande aventure va commencer.

La maison dans les bois

Pendant toute la journée du dimanche, les enfants ont repensé à ce qui leur arrivait. Certains sont très excités, comme Quentin et Gaétan, d'autres un peu inquiets comme Ken.

Laure, elle, est préoccupée. Elle pense qu'il ne sera pas facile d'arriver tous les jours en retard au déjeuner, et que Fatima va finir par se fâcher et sûrement le dire à maman. Il faudrait trouver une autre solution pour suivre M. Marcus.

Le lundi matin en arrivant à l'école, ils ont les yeux cernés. Ils se retrouvent dans la cour avec Gilles et Clothilde et leur expliquent le plan qu'ils ont établi pour espionner le maître. Bien entendu, Clothilde proteste ; elle aussi veut espionner, il n'y a pas de raison que ce soient toujours les mêmes qui fassent les choses amusantes. On décide qu'elle aura son tour.

Puis, Gilles et Ken, dont c'est la première mission, s'en vont avec le sentiment de leur importance, mais en rasant les murs, vers le préau sous lequel M. Marcus déambule en bavardant avec M. Taquet. Il faut entendre ce qu'ils disent sans se faire remarquer. Pas facile le métier d'espion ! Gilles et Ken font semblant de s'échanger des Panini tout en suivant les maîtres à une certaine distance.

– Superbe match, dit M. Taquet. Gasquet s'est très bien défendu.

– Oui, répond M. Marcus, mais je le trouve encore un peu impulsif, pas assez concentré, c'est dommage... Vous irez à Roland-Garros cette année ?

– J'espère y emmener ma classe, comme chaque printemps ; les enfants adorent voir les champions de près et ils se rendent mieux compte de l'effort que chaque match exige des joueurs.

– J'ai envie de conduire les miens au musée d'Orsay, surtout pour voir les maquettes des décors d'opéra. Ils veulent monter une pièce de théâtre, ça leur fournira des exemples.

– Excellente idée ! Et comment avance votre installation ? Avez-vous passé un bon week-end ?

– Épatant, je n'ai presque rien fait : repos, lecture au soleil, un peu de footing. Il faut profiter des derniers beaux jours.

Cette conversation n'a rien de bien passionnant, mais comme on ne sait jamais ce qui peut être un indice, Ken et Gilles essayent de noter sur un carnet les propos échangés.

À la sonnerie, ils rallient le reste de la bande qui les attend dans un coin de la cour, et racontent ce qu'ils ont entendu.

– Bof, ces paroles sont très normales, monsieur Marcus est un maître ordinaire, c'est tout, dit Gaétan déçu.

– Idiot, proteste Clothilde, on ne va pas découvrir tout, tout de suite, tu ne penses pas qu'il allait dire à monsieur Taquet : je suis un gangster poursuivi par la police, aidez-moi à me cacher…

– Gardez bien le carnet, à tout à l'heure à la récré.

Et la bande se disperse.

Mais la récré est une grosse déception ! M. Marcus s'installe dans la salle des maîtres pour corriger des cahiers et il n'en bouge pas. Rien à espionner, c'est rageant !

À midi, John rejoint Laure, et tous les deux guettent dans la cour des grands la sortie de la classe de M. Marcus.

– Pourvu que Marc m'attende avec la 2 CV, pourvu qu'on arrive à le suivre…

– Attention le voilà !

M. Marcus descend le petit escalier qui conduit à la rue qui longe l'école, Laure et John sur ses talons. Il traverse et se dirige vers une 205 noire.

– Tu as vu, sa voiture est dégoûtante, elle est couverte de boue et de poussière ! Pour quelqu'un qui n'a rien fait du week-end, c'est un peu fort, non ?

– Dépêchons-nous de rejoindre Marc.

Les enfants se mettent à galoper en direction de la 2 CV jaune qui les attend, moteur allumé.

– Vite, c'est la 205 noire, là-bas !

– O.K., j'ai vu, du calme les mômes, on y va. Posez vos cartables par terre, et tenez-vous tranquilles.

– J'espère qu'il n'ira pas trop vite, s'inquiète John qui s'y connaît en voitures. Avec sa 205, il peut nous semer quand il veut.

– T'en fais pas, il y a trop de circulation à cette heure-ci, il ne peut pas rouler vite.

La 2 CV suit facilement la voiture de M. Marcus : elle descend vers la place de la

Mairie, emprunte la grand-rue, passe devant la boucherie, la boulangerie, le magasin de Mme Le Garrec, où on achète de tout : cahiers, gommes, billes, jeux..., dépasse les tennis et sort du village en direction d'Herbelay.

– Qu'est-ce qu'il va faire par là ?

– Il habite peut-être à Herbelay.

Un camion garé sur le côté de la route pour déverser de la terre oblige Marc à s'arrêter pour laisser passer les voitures qui viennent en sens inverse.

– Grouille-toi, on va le perdre.

– Il faut peut-être avoir un accident pour vous faire plaisir ?

Marc n'est pas content du tout.

Le camion dépassé, la 2 CV repart vers Herbelay.

– On ne le voit plus, on l'a perdu, se lamente Laure, crétin de camion !

La route est étroite et pleine de virages. Marc roule aussi vite que possible pour rattraper la 205, il la retrouve à l'entrée d'Herbelay. Dans le village, elle tourne à gauche vers la forêt. Pour ne pas se faire remarquer, Marc laisse une certaine distance entre la 2 CV et la voiture de M. Marcus mais, après un tournant, il ne la voit plus, elle a disparu.

– Il ne s'est quand même pas envolé !

– Il a dû tourner quelque part dans un chemin que nous n'avons pas remarqué, dit Marc. Je fais demi-tour, on regarde bien des deux côtés de la route ; toi, John, regarde à gauche et toi, Laure, à droite, je vais rouler lentement.

Les enfants fouillent des yeux le bord de la route : ils dépassent quelques maisons, mais apparemment pas de 205 dans les environs. Soudain, à droite, Laure repère un petit chemin en partie caché dans les arbres.

– C'est peut-être là ?

– Possible, mais si on y va avec la 2 CV, il va nous remarquer. Je me gare et on y retourne à pied.

En file, comme les Indiens, Laure et John marchent derrière Marc, en évitant de faire craquer les feuilles et les branches mortes. Marc s'immobilise brusquement et les arrête d'un geste.

– Je vois la voiture, venez ici tout doucement et regardez entre les arbres.

Ils avancent comme des voleurs et, en écartant les branches basses d'un châtaignier, ils aperçoivent une jolie petite maison blanche au milieu d'un jardin. Pas un vrai jardin avec une pelouse tondue et des fleurs bien plantées, non, plutôt une sorte de clairière d'herbes folles. Et devant la maison : la 205 toute sale.

– On a trouvé !

– Il se cache drôlement bien, en tout cas.

– Tu vois, Marc, sa voiture est crasseuse, on dirait qu'il a fait du cross avec. Il a dit à monsieur Taquet qu'il n'avait pas bougé du week-end, c'est un menteur !

– Vous tirez vite des conclusions, c'est peut-être un monsieur qui n'a pas envie de nettoyer sa voiture, tout simplement. Il faut continuer à l'observer, noter toutes les informations recueillies et après seulement réfléchir à ce que cela peut vouloir dire. Maintenant il est tard, nous allons rentrer, sans cela c'est à nous qu'on posera des questions embarrassantes. Remontez en voiture en vitesse.

Dix minutes plus tard, ils sont de retour à Montaigü. Marc dépose John devant chez lui (qu'est-ce que Ken a bien pu raconter à sa mère pour expliquer le retard de son frère ?) et Marc et Laure se précipitent à table.

– Mais qu'est-ce que vous avez fabriqué ? Il est presque une heure, Laure ne va pas avoir le temps de manger. Vraiment, en ce moment vous avez des horaires impossibles ! dit Fatima.

Les mystérieux visiteurs

Cet après-midi, Nicolas et Ludovic, l'équipe d'espions de service, sont bien déçus.

D'abord M. Marcus arrive en retard à l'école, après la sonnerie, et n'a que le temps de grimper les escaliers quatre à quatre et de crier à ses élèves, déjà en rang, de monter.

Ensuite, il passe toute la récréation avec madame la directrice, à marcher de long en large dans la cour (pas facile de les suivre et d'entendre ce qu'ils disent sans se faire remarquer), à parler de l'organisation du trimestre : quand placer les heures d'anglais, quel jour aller à la piscine, au gymnase et organiser la réunion des parents, etc., des sujets particulièrement barbants.

Nicolas et Ludovic trouvent que leur mission n'a aucun intérêt. En plus, ils ont eu une belle peur lorsque la directrice s'est retournée d'un seul coup et s'est trouvée nez à nez avec Ludovic qui la suivait de très près. Surpris, il a failli lui rentrer dedans.

– Mais enfin, Ludovic, qu'est-ce que tu fabriques dans mes jambes ? Veux-tu aller jouer plus loin !

La directrice était très mécontente et Ludovic est devenu tout rouge. Pour ne pas donner de soupçons à M. Marcus, Nicolas continue à espionner tout seul jusqu'à la fin de la récréation, en se mettant assez loin pour ne pas cogner de nouveau la directrice.

Évidemment, il entend moins bien, mais de toute façon, les propos du maître n'ont pas grand intérêt. Nicolas saisit quelques mots : classes, horaires, emplois du temps... rien de mystérieux. La culpabilité de leur homme n'est pas encore prouvée.

À quatre heures et demie, comme convenu, la sœur de Gaétan attend devant l'école dans sa petite voiture blanche.

Gaétan et Quentin s'impatientent car madame la directrice (qui est aussi hélas ! leur maîtresse) ne veut pas les laisser sortir de classe bien que la cloche ait déjà retenti. Elle continue à leur expliquer comment les hommes préhistoriques fabriquaient leurs outils avec des silex.

Gaétan et Quentin se fichent complètement des hommes préhistoriques. Ils pensent à M. Marcus qui va quitter l'école et partir sans qu'ils puissent le suivre. Ils se tortillent sur leur chaise en essayant de voir par la fenêtre si les CM1 sont déjà dehors.

– Gaétan, tu peux rester tranquille encore une minute, s'il te plaît ! Quentin et toi, vous sortirez les derniers pour vous apprendre à vous contrôler un peu.

Zut et rezut ! Cette fois, c'est sûr, il aura disparu. Dans la rue, la sœur de Gaétan se demande pourquoi les enfants sont en retard et, comme elle ne connaît pas le mystérieux maître, elle ne remarque pas la 205 noire qui s'éloigne.

Quand les enfants la rejoignent, un moment plus tard, M. Marcus est hors de vue.

– C'est trop bête à la fin, alors qu'on avait un chauffeur, de l'avoir laissé filer comme ça.

– Et maintenant où le chercher ?

– Il est peut-être rentré chez lui, tout simplement.

– On ne sait pas où il habite. C'est Laure et John qui y sont allés à midi.

– Y a qu'à leur demander.

Encore faut-il les rattraper car Laure et John sont déjà partis. La sœur de Gaétan sait où se trouve la maison de Laure : elle y a déjà conduit Gaétan plusieurs fois. Elle roule lentement en regardant toutes les petites filles blondes à queue de cheval sur le bord de la route. Laure est presque arrivée quand ils l'aperçoivent.

– Hep ! Laure ! Viens voir !

– Qu'est-ce qui vous arrive, vous ne suivez pas monsieur Marcus ?

– On l'a perdu, on est sortis trop tard, il était déjà parti et on ne sait pas où il habite.

– C'est à Herbelay, dans la forêt.

– D'accord, mais c'est grand la forêt autour d'Herbelay. Si tu crois qu'on va trouver la maison comme ça !

– Je monte avec vous, je vais vous montrer.

Elle saute dans la voiture blanche qui démarre en trombe en direction d'Herbelay. Dans le village, il ne faut pas se tromper, au premier croisement on tourne à gauche et on pénètre dans la forêt.

– Roulez doucement, il faut que je me souvienne, c'est un petit chemin dans les châtaigniers… Ce n'est pas là… non, plus loin… là, doucement, je crois qu'on y est, mais il faut se garer ailleurs sinon il remarquera la voiture. On reviendra à pied en se cachant.

La sœur de Gaétan gare la voiture dans le bois, on ne la voit presque pas de la route. Les enfants se dirigent à pas de loup vers la maison de M. Marcus. Laure passe devant et la sœur de Gaétan ferme la marche pour protéger l'arrière de la troupe. Les garçons sont très excités, il faut tout le temps leur dire de se taire.

Bientôt, ils arrivent derrière les châtaigniers où Laure et John se sont cachés à midi. Heureusement, l'automne commence à peine et les arbres sont encore très touffus, ils font écran entre la maison et les enfants, et les isolent aussi de la route. Leur premier réflexe est de chercher la 205 poussiéreuse : pas de voiture.

– Il n'est pas là.

– Il doit faire ses courses.

– Tu parles, il s'en fiche de ses courses ! Tu as vu l'hôtel où il est descendu à Nice, il est assez riche pour aller au restaurant tous les jours.

– Alors il est peut-être à un rendez-vous secret, et on ne saura jamais avec qui. Cette madame Durand quelle casse-pieds de nous retenir après l'heure ! C'est de sa faute si on a perdu monsieur Marcus.

– Chut, silence ! On dirait qu'il y a des gens dans la maison.

– Tu rigoles, il n'y a pas de voiture et tout est fermé.

– Tais-toi, imbécile, et regarde : quelque chose bouge derrière les fenêtres.

Tous les quatre se mettent à guetter attentivement les fenêtres de la maison, de larges baies vitrées qui ouvrent sur une terrasse. Derrière, on distingue de gros fauteuils en cuir brun, une table basse couverte de journaux, et au fond, on devine des étagères avec des livres et une télévision.

– Je vois quelque chose de clair qui se déplace derrière les fauteuils, dit la sœur de Gaétan.

– Moi je ne vois rien, c'est tout flou, ronchonne Gaétan, j'ai oublié mes lunettes dans mon cartable.

– Tu es vraiment un drôle d'espion toi, un espion qui ne voit rien !

– Taisez-vous, voyons, vous allez nous faire repérer.

– Là, à gauche, j'aperçois quelqu'un dans la maison, s'écrie Laure. Il a une chemise blanche, regardez, il fouille dans les livres.

– Ça y est, je le vois aussi, dit Gaétan, il est un peu flou mais je le vois.

– Il a l'air pressé, il enlève les livres les uns après les autres, les secoue et les remet en place, il fait ça drôlement vite, il doit être entraîné.

– Oh, en voilà un autre !

Une deuxième silhouette vient de se glisser dans la pièce. Les deux hommes semblent se parler un moment, puis le second disparaît dans le fond. Celui qui ouvre les livres continue son manège très vite et très adroitement.

Soudain, un bruit de moteur qui se rapproche fait sursauter les enfants, ils s'enfoncent à quatre pattes sous les châtaigniers. La 205 apparaît sur la route. Les étranges visiteurs ont dû aussi entendre la voiture. La silhouette qui remuait les livres s'éclipse, les enfants entendent une porte claquer vers l'arrière de la maison et de faibles bruits de branches cassées. Les deux hommes s'enfuient par la forêt.

M. Marcus sort de sa voiture, grimpe les marches du perron, ouvre sa porte et s'arrête un instant sur le seuil, comme étonné et méfiant. Il ressort dans le jardin et observe attentivement autour de lui. Les enfants terrorisés se blottissent contre le sol comme pour s'y enterrer. Mais M. Marcus ne semble pas se soucier d'eux. Il inspecte à nouveau les environs puis sort de sous son aisselle un objet noir et long et avance prudemment vers la maison.

– Un revolver, tu as vu, il a un revolver !

Quentin est aux anges.

– Mais tais-toi, voyons, tu veux qu'il nous tire dessus ?

Les enfants le voient circuler dans le salon, lentement, puis se diriger vers la bibliothèque et toucher les livres. Il s'arrête comme s'il comprenait ce qui s'est passé, sort en courant par la porte ouverte et fait le tour de la maison. On l'entend jurer très fort :

– M… de m… ils ont filé.

Il rentre chez lui et ferme la porte.

– Tu crois qu'il va ressortir ?

– Je ne sais pas, attendons un peu.

– S'il nous voit, il nous prendra pour ses voleurs, qu'est-ce qu'il va nous passer !

Quentin a toujours beaucoup d'imagination quand il s'agit de bagarre.

– Il est drôlement tard, dit Laure, Fatima va s'inquiéter, il faudrait penser à rentrer.

Avec précaution, les « espions » rampent hors de leur cachette jusqu'au chemin, et là prennent leurs jambes à leur cou pour rejoindre la petite voiture blanche. Gaétan a le nez tout noir à force de l'avoir enfoui dans la terre pour mieux se cacher, le pantalon de Laure est sale et déchiré, et Quentin a les genoux égratignés : une belle équipe ! Ils ont encore un peu peur, mais ils sont terriblement fiers. Cette fois, ils en sont sûrs, M. Marcus n'est pas un maître ordinaire : vous en connaissez beaucoup, vous, des maîtres qui se promènent avec un revolver ?

Laure se fait gronder ; Fatima était très inquiète de ne pas la voir rentrer. Elle l'a cherchée dans tout le village et a téléphoné à plusieurs de ses amis. Laure raconte qu'elle est restée jouer dans les bois derrière l'école avec Gaétan et Quentin, s'excuse très fort d'avoir fait si peur à Fatima et jure qu'elle ne recommencera plus. Mais elle se demande ce qu'elle va bien pouvoir trouver comme explication la prochaine fois qu'il faudra suivre M. Marcus.

La maîtresse est dans la lune

Le lendemain, un mardi, les choses s'annoncent heureusement plus faciles. C'est le jour où Laure déjeune à la cantine, et par chance, le maître de surveillance à midi est M. Marcus.

Le mardi, presque tous les enfants déjeunent à l'école. Les mamans ont sans doute besoin d'être libres en particulier ce jour-là pour faire des courses, aussi la bande au complet se retrouve dans la cour.

– Il faut décider ce que nous allons faire maintenant, annonce Nicolas. Ça va être difficile de continuer la filature. Les grands ne voudront pas nous servir de chauffeur à chaque fois.

– On pourrait trouver d'autres conducteurs.

– J'y ai pensé, il n'y en a pas : Marc et la sœur de Gaétan sont les seuls grands sachant conduire que nous connaissons, qui sont à Montaigü en ce moment et qui ne nous dénonceront pas aux parents.

– Comment en apprendre plus sur lui si on ne peut pas le suivre ?

– On pourrait fouiller sa maison, suggère Gilles timidement.

– Tu es fou, pour qu'il nous tire dessus, ou qu'on se trouve nez à nez avec les types d'hier soir ! C'est trop dangereux.

Gaétan est devenu drôlement prudent depuis la veille.

– Pourtant, reprend Laure pensive, fouiller sa maison ce n'est pas une mauvaise idée. Il faudrait savoir où il se trouve exactement pendant que nous serons chez lui, et s'il risque de rentrer.

– C'est facile, deux d'entre nous font le guet et échangent des messages par talkie-walkie avec ceux qui seront dans la maison.

– Ça va pas, tu te crois dans un film avec Bruce Willis, nos talkies-walkies ne fonctionnent que si tu parles du jardin à quelqu'un qui est à l'intérieur. Si tu t'éloignes de dix mètres, on n'entend plus rien. Ce sont des jouets, pas des talkies-walkies de la police.

– On pourrait en trouver des vrais, qui soient puissants.

– Où ça ? Et puis ça coûte cher !

Pendant que les garçons se disputent, Laure réfléchit...

– Je crois que j'ai trouvé la solution, dit-elle soudain ; à votre avis, quand sait-on exactement où est monsieur Marcus et à quelle heure il va rentrer chez lui ?

– Euh... quand il est à l'école !

– Voilà, on va aller fouiller chez lui pendant la classe.

– Ça c'est pas mal comme idée, mais pendant ce temps nous n'irons pas en cours et qui fera les mots d'excuse ?

– On peut demander à la sœur de Gaétan, ou à Marc.

– Ils ne voudront jamais.

– Moi je sais imiter l'écriture de ma mère, décrète John, elle écrit mal, c'est plus facile à imiter, et sur une carte de visite la maîtresse ne se rendra compte de rien.

– C'est risqué.

– Qui ne risque rien n'a rien, dit sentencieusement Gaétan.

– Sur des cartes de visite, avec le nom des parents déjà imprimé et juste une petite phrase, ça devrait marcher.

– Alors, on fait ça quand ?

– Jeudi après-midi, on prendra les vélos, on fera semblant d'aller à l'école avec, et on se retrouvera tous devant la boulangerie. De là, on filera chez monsieur Marcus.

– Je ne pourrai jamais, maman ne veut sous aucun prétexte que j'aille à l'école en vélo, dit Laure.

– Alors va jouer chez Nicolas mercredi et oublie ton vélo chez lui, comme ça, jeudi, tu n'auras qu'à le récupérer.

– Pas de problème, confirme Nicolas, ma mère part au bureau à une heure et demie, après m'avoir déposé à l'école, et je garde la clef car elle ne revient qu'à six heures. On pourra passer prendre les vélos.

– Bon, tous ceux qui peuvent venir : rendez-vous devant la boulangerie à deux heures moins le quart, jeudi. Maintenant, allons voir ce que fait notre cher maître.

À pas comptés, avec des airs de conspirateurs, les enfants se glissent dans la cour des grands où M. Marcus surveille la récréation d'avant la cantine. Il est très occupé : il parle avec Mlle Legentil, la jeune et très jolie maîtresse de Laure. Il doit lui raconter des histoires amusantes, car elle rit de bon cœur. Ils marchent sans prêter aucune attention aux enfants qui tournent autour d'eux en prenant des mines faussement indifférentes. Il est question de pêche à l'espadon :

– C'était un énorme poisson, dit M. Marcus. Heureusement que j'étais bien attaché à mon siège lorsqu'il a mordu à l'hameçon, sinon je serais tombé à l'eau.

– Ah ! soupire la maîtresse.

– Il s'est débattu longtemps, nous suivions son sillage avec le bateau, moi je tournais le moulinet comme un fou, j'avais peur que le poisson ne se détache : si on tient la ligne trop tendue, l'hameçon peut se décrocher en déchirant la peau de l'espadon. Il est blessé, mais libre. Aussi, faut il lui « donner du fil » et le suivre sans arrêt. Or il fonce et bondit pour se libérer. Il est superbe quand il saute hors de l'eau avec son long nez pointu qui ressemble à une épée et sa nageoire dorsale qui se déploie comme une voile.

Les beaux yeux de Mlle Legentil sont pleins d'admiration.

– La bagarre a duré deux heures. Heureusement, le bateau était rapide. J'étais agrippé à ma canne à pêche, les pieds collés sur la rambarde, des crampes partout… Quand enfin il s'est arrêté, j'étais mort. Nous l'avons remonté à bord. Il était magnifique : 83 kg, 2,70 mètres !

– Vous avez pris des photos j'espère !

– Bien sûr, je vous les apporterai, j'en ai fait aussi de Dakar et des marchés, vous pourrez les montrer à vos élèves.

Les enfants sont éblouis. Ils en oublient que le pêcheur est peut-être un dangereux bandit.

– C'est quelqu'un quand même, s'exclame Ludovic, attraper un poisson de 83 kg après deux heures de bagarre, il faut le faire. Cet été, le plus gros poisson que mon père a pêché, c'était un mulet de 1,5 kg, et il était drôlement fier !

– C'est un vrai sportif.

– Et un milliardaire, ajoute Laure.

– Un milliardaire ?

– Tu sais combien ça coûte d'aller pêcher l'espadon en Afrique ? Mon oncle y est allé l'année dernière, mais il est très riche, il a une Porsche. Moi je voulais qu'on en achète une aussi, mais maman m'a dit que j'étais folle, que c'était une voiture de milliardaire. Papa avait envie de partir pêcher l'espadon avec mon oncle, mais il a dit en riant : « J'irai quand j'aurai gagné au Loto ». Tu vois bien que c'est un milliardaire.

– Je vous l'avais dit que ce n'est pas un maître ordinaire, conclut Quentin qui aime avoir le dernier mot.

La cloche de la cantine les interrompt. Tout au long du repas, M. Marcus et la maîtresse de Laure continuent à bavarder ensemble avec animation.

– Ma parole, ils ne se quittent plus ces deux-là ! ricane Quentin.

L'après-midi, pendant la leçon de mathématiques, la classe de Mlle Legentil est particulièrement bruyante. Tandis que la maîtresse explique aux CE2 la multiplication à deux chiffres, les CM2 doivent faire un problème. En fait, ils se racontent le match de foot de la veille en criant et en gesticulant. D'habitude, la maîtresse se fâche tout de suite, mais ce jour-là, elle n'entend rien, et même, en faisant une multiplication au tableau, elle se trompe, elle met les unités sous les dizaines.

– Elle est drôlement dans la lune, souffle Gilles à l'oreille de Laure.

– Ou en Afrique en train de pêcher l'espadon, répond Laure.

– Laure, au tableau !

Zut, la maîtresse l'a vue bavarder.

Pendant que Laure transpire au tableau et compte sur ses doigts dans son dos pour qu'on ne voie pas qu'elle ne sait pas sa table de sept, on frappe à la porte. C'est encore M. Marcus ! Il apporte une grosse enveloppe à Mlle Legentil.

– Ce sont les photos dont je vous ai parlé, dit-il. J'en avais dans ma serviette.

– Merci beaucoup.

Les yeux de la maîtresse brillent.

– C'est vraiment gentil de votre part, je vous les rendrai tout à l'heure.

Quand il est parti, elle ouvre l'enveloppe et examine son contenu avec intérêt. Elle a complètement oublié Laure qui ne bouge pas de crainte qu'on lui donne une autre multiplication. Une craie, mal calée sur le rebord du tableau, tombe par terre, Mlle Legentil sursaute.

– Eh bien ! Laure, qu'est-ce que tu fais là ?

– Ben... c'est pour la multiplication.

– La multiplication ?... Ah oui, bien sûr, voyons ce que tu as trouvé comme résultat : 878, c'est bien, va à ta place.

Laure, soulagée, se glisse derrière sa table.

– T'as faux, dit la voix prétentieuse de Bertrand derrière elle.

– J'ai faux, et puis quoi encore, la maîtresse a dit que c'était juste.

– La maîtresse est dans la lune, j'ai fait le calcul avec ma calculette, ça fait 888.

– Tais-toi, crétin, tu vas encore me faire punir.

– C'est vrai, dit Anne-Charlotte, j'ai vérifié, Bertrand a raison, la maîtresse elle rêve...

« Elle rêve, se dit Laure, elle rêve qu'elle est à la pêche à l'espadon en Afrique, oui... »

Et tout à coup, l'évidence lui apparaît : la maîtresse est amoureuse. Et amoureuse de qui ? De M. Marcus !

Drôle de Superman

Jeudi, deux heures moins le quart, ils sont tous devant la boulangerie ; John et Ken avec leurs deux vélos rouges identiques, Quentin sur son VTT, son casque sur la tête (il faut toujours qu'il joue au cascadeur), Nicolas, Laure, Gaétan (qui a réussi à ne pas rester à la cantine exceptionnellement), Ludovic, Gilles et même la craintive Clothilde. Ça fait un sacré rassemblement. Heureusement qu'à cette heure-là, la boutique est fermée, sinon, Annie, la boulangère, les aurait sûrement remarqués.

– En route en silence, ordonne Nicolas, je passe devant et toi, Ludovic, tu fais la voiture-balai. Mettez-vous bien les uns derrière les autres pour ne pas gêner les voitures, la route d'Herbelay est étroite et si on fait les imbéciles, on va nous demander pourquoi on n'est pas à l'école.

– Oui maman ! se moque Quentin, en faisant des bonds avec son VTT.

– Quentin, cesse tes âneries, c'est sérieux.

En file indienne, la petite bande sort du village et prend la direction d'Herbelay. La route n'est pas bien longue, mais elle grimpe assez fort, on entend protester sur les bicyclettes :

– C'est pas du vélo, c'est de l'escalade.

– Mets-toi debout sur tes pédales, tu avanceras mieux.

– Change de vitesse, andouille, tu as mis le plus grand développement, c'est bon pour les descentes, pas pour les côtes !

– Attention, tu me gênes, roule plus vite ou je vais rentrer dans ta roue arrière.

Nicolas se fâche tout rouge.

– C'est pas vrai ! Vous êtes impossibles, on dirait une vraie colonie de vacances, un peu de calme et de discipline.

– Dis, le « mono », tu nous casses les pieds, toi tu as un vélo de course léger, avec dérailleur, tu peux faire le malin ! Moi j'ai le vieux clou de ma sœur qui est super lourd et qui grince de partout.

– On arrive à Herbelay, maintenant taisez-vous, il ne faut pas qu'on nous remarque.

Silence immédiat dans les rangs ! Ils traversent rapidement l'entrée du village où, heureusement, ils ne rencontrent personne, et prennent le chemin de la forêt. À proximité de la maison de M. Marcus, Nicolas descend de bicyclette et fait signe aux autres de s'arrêter.

– On va cacher les vélos un peu plus loin puis on reviendra ici discrètement. Ensuite, on se partagera le travail. Il en faudra deux qui guettent pour prévenir si quelqu'un vient, un sur le chemin et un dans le jardin, les autres fouilleront la maison. Attention à ne rien casser.

Nicolas a décidément des qualités de chef. Les vélos sont enfouis sous des branches de châtaigniers, au bout de la route, et la troupe se dirige rapidement vers la maison.

– Qui veut faire le guet dans le jardin ?

Personne. Tous veulent explorer la maison, c'est beaucoup plus amusant que de guetter.

– Tant pis, on ploufe.

C'est la seule solution juste et acceptée par tous. Le guet tombe sur Gaétan et Ken. Ils ne sont pas tellement contents, mais Quentin les calme en sortant de sa poche deux superbes cagoules noires.

– Mettez-vous ça sur la tête, comme ça on ne vous reconnaîtra pas.

Les trous ne sont pas bien en face des yeux, et ils ont du mal à respirer, mais ils ont vraiment l'air d'espions professionnels. Les sept autres avancent dans le jardin avec précaution. La porte de devant est fermée à clef, ainsi que les baies vitrées. Ils font le tour de la maison. À l'arrière, tout contre la forêt, donne la cuisine. La porte est verrouillée ; heureusement, une fenêtre est restée entrouverte.

– On peut glisser la main par l'ouverture et tenter de tourner la poignée, chuchote Laure. Je vais essayer.

Laure fait de la gymnastique acrobatique, elle est très souple. Elle se colle contre le mur, sous la fenêtre, et glisse son bras par la petite ouverture. Elle arrive juste à toucher la poignée.

– C'est étroit, j'ai du mal à bien l'attraper, c'est drôlement serré.

Elle ne parvient pas à saisir la poignée de la porte à pleine main, mais à petits coups de poing, elle réussit doucement à la faire tourner jusqu'à ce que la crémone se débloque.

– Maintenant vous pouvez y aller.

L'un après l'autre, ils sautent sur le rebord de la fenêtre, l'enjambent et se retrouvent dans une cuisine jaune et blanche en désordre.

– Il ne range rien ce monsieur Marcus. Il pourrait laver sa vaisselle quand même, critique Clothilde qui est très ordonnée.

– Voilà bien les filles, se moque Quentin, on est là pour espionner un bandit et elles veulent faire le ménage !

– Arrête de faire l'intéressant, recommande Nicolas, maintenant il faut être efficace. On va se partager la fouille : Gilles et John, vous montez à l'étage, Quentin et Clothilde, vous cherchez dans la salle de séjour, Laure et moi, on descend au sous-sol.

– Et on cherche quoi ?

– Ben je ne sais pas exactement, des papiers bizarres, des photos, des revolvers, des bijoux, des documents secrets...

– Comment savoir si c'est des documents secrets ?

– Il faut faire preuve de flair : tout ce qui paraît intéressant, on le prend. On étudiera chaque chose après.

Les enfants se dispersent dans la maison. Bientôt, on entend des bruits étranges de tous les côtés, tiroirs qui glissent, meubles qu'on déplace et qu'on replace, exclamations diverses...

– J'ai trouvé des photos de la pêche à l'espadon, crie Quentin de la salle de séjour, je les prends ?

– Oui, c'est sûrement un indice. Il a pu rencontrer des gens importants en Afrique.

– Il a des pyjamas en soie, avec un dessin dessus ! hurle John depuis le premier étage.

– Moi j'ai trouvé un carnet avec des numéros de téléphone, dit Clothilde.

– C'est très important, tu le prends.

Nicolas, depuis le sous-sol, dirige les opérations. Laure, elle, examine attentivement le bric-à-brac qui y est entreposé : vieux meubles cassés qui sentent le moisi, bouteilles vides couvertes de poussière, quelques bouteilles pleines couchées dans un coin, des valises... Curieuse, elle s'en approche. La plus grosse, une solide valise grise, est couverte d'étiquettes de différents pays. Un sacré voyageur, ce M. Marcus ! Cette cave est pleine d'objets, mais rien de bien suspect. Laure continue à fouiller en soulevant les matelas, elle ouvre les bagages en se couvrant les mains de poussière, quand on entend une exclamation au premier étage.

– Eh ! venez voir, il a un bureau en haut, avec une deuxième télé, un lecteur et des tas de DVD, il est super équipé !

Les enfants quittent leur poste de travail pour se ruer dans l'escalier. Le bureau est une petite pièce confortable, meublée d'un grand fauteuil de cuir, d'une table de travail, d'une chaise, de casiers remplis de livres, de disques, de dossiers bien rangés et de DVD. Sur une table basse, en face du fauteuil, une télévision et un lecteur DVD.

– C'est drôle, il en a déjà une grosse en bas et un autre lecteur ; pour lui tout seul, ça fait beaucoup de matériel.

– Tu as remarqué : cette pièce n'a pas de fenêtre.

– C'est sûrement sa pièce secrète, là où il se met quand il ne veut pas qu'on le voie.

– Eh, regardez, il a même *Superman-IV*.

– Ça alors, il est fort, j'avais demandé à mon père de louer le DVD, mais c'était trop tôt, car le film est sorti au cinéma il n'y a pas longtemps.

– Et si c'était un faux ?

– Mets-le, pour voir.

John, qui s'y connaît très bien en télé, ordinateur, etc., branche les appareils et enclenche le DVD. Assis en rond par terre, les enfants regardent attentivement les images défiler : vue aérienne de Manhattan, puis plongée sur les bureaux du *Daily Planet*, le journal où travaille Clark Kent, reporter en apparence, Superman dans la réalité.

– Mais c'est pas le dernier *Superman*. Je l'ai vu, il commence par des images de l'espace et d'un vaisseau spatial russe en panne.

Soudain, le décor change.

– On dirait Montaigü, voilà la Grand-rue, et là, la poste. Tiens, l'entrée de la S.O.D.I.P.

– La S.O.D.I.P., qu'est-ce que c'est ?

– Tu sais bien, les bureaux qui sont en dessous de la poste, plein de gens y travaillent. Un car les amène le matin et bloque la circulation au moment où on va à l'école. Ma mère dit toujours que si je suis en retard, c'est à cause du car de la S.O.D.I.P. qui empêche de passer.

– Justement voilà le car, tu vois, il s'arrête et les gens qui en descendent vont vers la S.O.D.I.P.

– C'est bizarre, on a filmé tous les gens les uns après les autres.

– Il est drôlement ennuyeux, ce film, pour un *Superman*, rouspète Quentin.

– Mais, crétin, tu vois bien que ce n'est pas un *Superman*. Quelqu'un a filmé des choses dans Montaigü sur un DVD de *Superman*.

– Maintenant, voilà les gens qui arrivent en voiture, on dirait que la caméra essaie de filmer les visages de ceux qui conduisent ou qui sont dans les voitures.

– Et en voilà d'autres qui arrivent à pied.

– Zut, ça recommence : encore le car qui se vide, ils ont dû recopier la même bande.

– Non, regarde bien, c'est pas le même jour. Ce jour-là, il pleut, au début du film il ne pleuvait pas, et on voit une camionnette rouge garée à côté du car. Tout à l'heure, elle n'y était pas.

– Et ça recommence, les voitures, les gens qui arrivent à pied... Je me demande pourquoi ils ont filmé tout ça.

– Je ne sais pas, mais moi, j'ai envie de faire pipi, dit soudain Laure.

– Les toilettes sont en bas, dans le fond du couloir à côté de la porte du sous-sol.

À peine Laure éclipsée, on entend des pas courir vers la maison, et quelqu'un taper à la porte d'entrée, c'est Ken qui était de garde à l'extérieur.

– Vite, une voiture arrive. Sauvez-vous, nous on file aux vélos.

– Le DVD ! crie Nicolas, il faut l'emporter.

Prestement, il le fait sortir du lecteur et toute la bande dégringole l'escalier, fonce vers la cuisine, enjambe la fenêtre et court à travers bois pour rejoindre les bicyclettes. Gaétan et Ken les y attendent.

– Cachons-nous maintenant. Nous ne reparaîtrons que lorsque les arrivants seront dans la maison et qu'on ne risquera pas de nous voir passer sur la route.

– C'est curieux, cette voiture, il n'est pas encore quatre heures et demie, l'école n'est pas finie.

– Ce sont sûrement les gens qui sont déjà venus fouiller la maison.

Une voiture approche et s'arrête effectivement un peu à l'écart. Des portes claquent, deux silhouettes traversent les bois pour atteindre la maison de M. Marcus par l'arrière, du côté de la cuisine. Alors chacun saute sur son vélo et file sur la route ramenant à Montaigü. À l'entrée du village, John se retourne soudain vers les autres et s'écrie :

– Et Laure, où est-elle ? Elle n'est pas sortie avec nous ?

– Zut, elle est restée dans les toilettes !

Prisonnière

Laure a trouvé dans les toilettes de la maison un gros tas de bandes dessinées. Oubliant le DVD et le mystère de M. Marcus, elle se plonge avec délices dans les blagues de Titeuf. Elle est brutalement tirée de sa lecture par un bruit de galopade dans l'escalier ; le temps de se rhabiller et d'ouvrir la porte, ses amis ont déjà filé.

Au moment où elle s'apprête à suivre le même chemin, elle entend un cliquetis du côté de la porte de la cuisine : les nouveaux arrivants essaient de forcer la serrure. Elle n'a que le temps de faire marche arrière et de retourner se cacher d'où elle vient.

Des gens entrent dans la maison. D'après les bruits de pas, il doit y avoir deux personnes.

Laure n'est pas du tout, mais alors pas du tout tranquille : si on la trouve là, il va lui arriver de gros ennuis. Elle se met à transpirer, son estomac se serre et elle se tasse dans un coin pour se faire la plus petite possible. Les visiteurs semblent se séparer, une des personnes reste en bas et l'autre monte à l'étage. Elle entend une voix déclarer du haut de l'escalier :

– J'ai déjà examiné la bibliothèque, cherche ailleurs. Il s'agit d'une pellicule, soit de photos, soit de clé USB, soit au pire un microfilm.

Ça devient intéressant. Laure en oublie un peu sa peur. Elle s'assoit sur le paquet de B.D. et colle son oreille contre la porte, pour essayer de comprendre ce qui se passe. Le visiteur d'en bas doit fouiller la cuisine car elle entend des bruits de casseroles remuées, d'assiettes et de couverts qui tombent. Il fait un de ces boucans ! Enfin il s'arrête, quitte la cuisine et semble se diriger vers le couloir.

Le cœur de Laure s'accélère. Si elle pouvait se transformer en *Aventure de Tintin* ! Les pas s'approchent. Elle se ratatine de plus en plus, sa bouche devient sèche. Les pas atteignent la porte des toilettes… et continuent vers le sous-sol. À ce moment, elle entend l'homme qui était à l'étage crier :

– Les tiroirs de la commode ont un double fond, viens m'aider à les ouvrir, il doit y avoir des choses dedans.

Pensant que l'homme du sous-sol va à nouveau passer devant elle, Laure rassemble son courage et colle son œil au trou de la serrure. Elle voit remonter de la cave un jeune homme blond, aux cheveux longs, vêtu d'un jean et d'un blouson de cuir noir. Il n'a pas l'air très méchant, il ressemble un peu à un des amis de Marc, celui qui a une grosse moto. Il porte au poignet un large bracelet en or qu'on voit bien car il retombe sur sa main. Un truc pareil, aucun des amis de Marc n'en a.

Le jeune homme grimpe les escaliers quatre à quatre et Laure entend des coups sourds, des bruits de bois brisé et d'exclamations répétées.

– Rien... rien, dit une voix furieuse, il n'a quand même pas fait construire ces doubles fonds pour des prunes.

– Attends, il reste encore un tiroir... Écoute, on dirait qu'il y a quelque chose dedans.

Suit un grand fracas de planches brisées.

– Tu vois qu'on a fini par trouver : papiers d'identité, revolver, cartes de crédit, tout au nom de Philippe Charpentier. Il y a même des factures, dis donc, il ne se refuse rien ce Charpentier, il loue des voitures de sport et descend dans des hôtels de luxe.

– On n'est pas là pour faire un compte rendu de la vie de ce type, mais pour retrouver des photos ou un film, or il n'y en a pas dans ce tiroir.

– Un film... et pourquoi pas une cassette vidéo ou un DVD ?

– Évidemment... ça peut aussi faire l'affaire.

– Tu as vu dans la pièce d'à côté, l'espèce de bureau, il y a un lecteur et des DVD, au salon aussi d'ailleurs.

– Bon sang, tu as raison !

Nouvelle ruée vers le bureau.

– On n'a pas le temps de les visionner, on va tout embarquer, on triera après. Je prends ceux-ci, toi, descends et prends ceux du rez-de-chaussée.

Redégringolade de l'escalier, silence, puis de nouveau la voix d'en bas.

– Bon, ça va, j'ai tout mis dans le sac, on peut se tirer.

– Ça va pas, non ! Et s'il n'y a rien sur les DVD ? Ils nous ont dit de fouiller partout, on fouille partout.

Les pas repartent vers la cuisine, où, à nouveau, les casseroles, les assiettes, les plats s'entrechoquent, comme si un fantôme les agitait. En haut, on entend des bruits de tissu déchiré, puis des chocs dans la salle de bains, quelqu'un qui descend au sous-sol, des bouteilles remuées... Laure n'en mène pas large, ils vont vite s'apercevoir que la maison a des toilettes. À chaque bruit de pas qui se rapprochent, son cœur se serre, elle est prise d'une forte envie de vomir. Immobile et blottie derrière la porte, elle se raidit, les yeux fixés sur la poignée. Vont-ils l'ouvrir, cette fois-ci ?

– Je ne trouve plus rien d'intéressant, il y a bien un appareil photo, vide, et aucune photo ou film.

– Et les W.-C., tu les as visités ?

Catastrophe ! Ces types-là font trop bien leur travail. Laure cherche désespérément le moyen de se défendre ou de mieux se cacher, quand un ronflement de moteur et le crissement de pneus sur le gravier lui parviennent du jardin.

– Zut, le voilà qui rentre, filons !

Galopade, porte qu'on ouvre, pas qui s'éloignent... Ils s'en vont. Laure a l'impression qu'on lui ôte un énorme poids des épaules. Elle en est si soulagée qu'elle oublie qu'un nouveau danger arrive, et à toute vitesse.

La porte d'entrée s'ouvre à la volée, et elle entend une série de jurons sonores :

– M..., m..., m..., ah ! les brutes, ils ont tout éventré, tout cassé...

Plus M. Marcus se déplace dans la maison, plus les jurons deviennent grossiers et variés, et quand il arrive en haut de l'escalier, il pousse un grondement de fureur. Laure est encore plus effrayée qu'avant. Il faut à tout prix essayer de disparaître pendant qu'il est occupé à inspecter les dégâts au premier étage.

Elle entrouvre la porte et jette un coup d'œil dans le couloir. Personne. Elle se glisse sans bruit hors de sa cachette. Il faut emprunter le même chemin que les cambrioleurs et partir par la porte de derrière et par les bois. Heureusement, ils ont laissé tout ouvert.

Laure retient sa respiration et essaie de faire comme les chats : sans bruit et très vite. Elle franchit le couloir, puis l'entrée, mais le sol de la cuisine est couvert de vaisselle et d'assiettes en partie cassées, il faut contourner les obstacles sans rien écraser, ni heurter. Enfin elle atteint la porte de la cuisine et se faufile dehors, vers les buissons touffus. Là, elle sera à l'abri pour quelques instants.

Les battements de son cœur se calment un peu, mais ses genoux tremblent encore. Il lui faut maintenant s'éloigner de cette maison. Elle avance le plus rapidement possible entre les arbres, en essayant de ne pas trop se griffer aux branches.

Après un détour pour éviter la route, elle atteint l'endroit où les enfants ont caché les vélos. Le sien l'attend, sagement dissimulé sous les branchages. Elle le redresse, grimpe dessus et se met à pédaler de toutes ses forces en direction de Montaigü. Elle n'a sûrement jamais roulé aussi vite de sa vie. Maintenant que le danger est passé, elle réalise à quel point elle a eu peur. Elle ne voit pas passer le paysage et se retrouve hors d'haleine à l'entrée de Montaigü, puis dans sa rue, puis dans son jardin.

Le temps de glisser le vélo au sous-sol, d'escalader l'escalier en criant « Fatima, je suis rentrée », et elle s'effondre sur son lit, sans même faire attention à Popi qui vient amicalement se frotter contre ses jambes. C'est à ce moment-là qu'elle s'aperçoit qu'elle a laissé son blouson dans les toilettes de M. Marcus, par terre dans un coin, derrière les bandes dessinées.

Conseil de guerre

Les huit membres de la bande qui ont filé en premier sont persuadés que Laure, restée prisonnière dans la maison, a été capturée par les mystérieux visiteurs et gardée en otage. Mais ils doivent absolument rentrer chez eux, sinon il y aura des révolutions dans les familles. La situation est trop grave pour qu'ils se séparent sans en reparler. Ils décident de rentrer goûter et déposer leur cartable, puis de se retrouver tous chez Ken et John pour tenir un conseil de guerre et voir s'il faut ou non prévenir les grandes personnes.

Ils sont très inquiets pour Laure : Nicolas l'imagine ligotée et jetée dans le fond d'une cave obscure, Ken et John sont persuadés qu'elle a été tuée, Quentin prétend que les voleurs l'ont kidnappée pour demander une rançon à ses parents, et Clothilde pleure à chaudes larmes :

– Pourvu qu'ils ne l'aient pas tuée, sanglote-t-elle.

– Idiote, c'est pas des assassins, c'est seulement des voleurs, explique Gaétan d'un ton qu'il veut convaincant.

Mais dans le fond, il n'est guère rassuré et se demande si Clothilde n'a pas raison.

– Bon, ça suffit de paniquer, maintenant, qu'est-ce qu'on décide ?

Nicolas essaie d'assumer son rôle de chef.

– Il faut avertir les parents, répondent en chœur Ken et John, Gaétan, Ludovic et Clothilde.

– On va drôlement se faire disputer, s'inquiète Quentin.

– On ne peut pas laisser Laure prisonnière de ces types !

– Ça c'est sympa, dit soudain une petite voix derrière eux, mais je ne suis plus prisonnière.

– Laure, tu n'es pas morte, tu es là, ouf !

Et Clothilde se remet à pleurer, mais de joie cette fois.

– Tu vois bien que je suis là ! Est-ce que j'ai l'air d'un fantôme ?

– Tu as pu t'échapper, comment as-tu fait ?

– Ils t'ont interrogée ?

– Ils t'ont torturée ?

– Tu les as assommés ?

Laure leur raconte les péripéties de sa captivité dans les toilettes et de sa fuite.

– Une fois rentrée chez moi, j'ai téléphoné chez Nicolas, puis chez Ludovic, puis chez Clothilde, puis chez Ken et John. Votre mère m'a dit que vous étiez dans le jardin à vous raconter des histoires mystérieuses. Alors je suis venue vous rejoindre.

Nicolas tire la conclusion des événements :

– Tu as eu drôlement de la chance, et en plus, tu as pu voir la tête d'un des deux types. Pour ton blouson, c'est pas grave puisqu'il n'y a pas ton nom dessus. Monsieur Marcus ne saura pas que c'est le tien. Rendez-vous demain à la récré pour la suite du conseil de guerre.

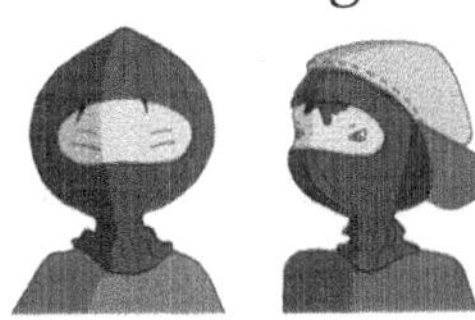

Le lendemain matin, la maîtresse a décidé d'apprendre le passé simple aux CE2. C'est un temps difficile parce qu'on ne l'emploie jamais en parlant. Vous vous voyez raconter à vos parents : « Hier quand nous arrivâmes à l'école, nous sautâmes à la corde » ? Ça fait plutôt ridicule.

En plus, on ne sait jamais si les terminaisons sont en « i », en « a » ou en « u ». Dit-on : « il cueillit » ou « il cueilla », « il pleuvit » ou « il pleuva » ? Et pourquoi se casser la tête à apprendre ça alors que tout le monde dit : « il a plu. »

Mais les maîtresses sont des personnes sérieuses, qui sont là pour apprendre aux enfants des choses sérieuses, même si on n'en voit pas toujours bien l'utilité.

– Maintenant que je vous ai expliqué, dit la maîtresse, vous allez me fabriquer des exemples avec des verbes du premier groupe, en « er ». Je les écrirai au tableau et nous les corrigerons ensemble si vous faites des fautes ; voyons Gilles, tu commences !

– Ils cambriolèrent la maison.

– Bien, un autre.

– Elle regarda par le trou de la serrure.

– Oui, suivant.

– Les espions fouillèrent partout.

– C'est bon, à toi Ken.

– Elle se sauvit à toute vitesse.

– Hum, ça c'est moins bon, nous rectifierons tout à l'heure.

– Il tira avec un gros pistolet.

– Bien, Gilles de nouveau.

– Les bandits cassèrent tous les meubles…

– Mais dites donc, c'est une histoire de gangsters que vous me racontez là, vous regardez trop de films policiers à la télévision.

Les enfants se retiennent pour ne pas rire, drôle de télévision ! C'est leur histoire vraie, leur histoire à eux.

– Maintenant, nous allons corriger, dit la maîtresse, il y a une faute.

Pendant qu'ils recopient les exemples sur leur cahier, on frappe à la porte. C'est M. Marcus. La maîtresse devient toute rose et souriante.

– Désolé de vous déranger. Pourriez-vous me prêter la grande carte de France ? J'ai un élève qui ne sait pas où se trouvent les Alpes et j'ai bien peur qu'il ne soit pas le seul.

– Bien sûr, dit Mlle Legentil.

– Merci beaucoup.

M. Marcus va sortir quand son regard se pose sur le tableau. Il lit les exemples de passé simple et paraît surpris.

– Vous étudiez le passé simple ?

– Oui, explique la maîtresse. Ce sont les exemples que les enfants m'ont donnés.

– Ah ! reprend le maître, et il promène un regard pensif sur les CE2, très intéressant, ils ont de l'imagination vos élèves.

– Oh, ils regardent trop la télévision.

– Sans doute, sans doute.

Il sort lentement de la classe en continuant à observer les enfants.

– Ils nous a repérés, souffle Gilles.

– Mais non, il ne peut pas se douter que nous sommes allés chez lui, murmure John.

– Et le blouson, il verra que ça n'est pas celui d'une grande personne.

– Taisez-vous, dit Laure, on va encore se faire remarquer. On en parlera tout à l'heure au conseil de guerre.

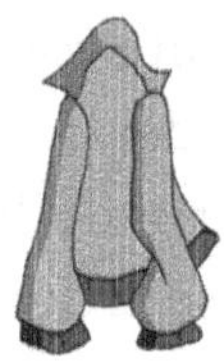

Ils ont choisi, pour se réunir, le coin le plus à l'écart de la cour de récréation. C'est que l'affaire devient sérieuse.

– S'il se doute que nous sommes venus chez lui, il va croire que c'est nous qui avons tout cassé.

– Pas possible : Laure dit qu'ils ont démoli les tiroirs. Nous ne sommes pas assez forts pour ça.

– Tu crois ? interroge Ludovic.

– N'oublions pas que nous sommes aussi des voleurs, on a emporté des photos, un agenda et le faux DVD de *Superman*.

– Le problème, dit Laure, après avoir écouté ses amis, c'est qu'on ne sait pas qui sont les bons et les méchants. On ne sait pas si monsieur Marcus est un bandit ou un espion, ou si ce sont les autres.

– Et pourquoi pas tous des espions de deux bandes rivales ? Des Chinois et des Russes par exemple, ça existe.

– Peut-être que ça existe, mais je n'ai pas vu l'ombre d'un Chinois, et les voleurs de monsieur Marcus parlaient drôlement bien le français pour des Russes !

– Si ce DVD est important, on ne peut pas le garder. Sinon, ça peut être très dangereux pour nous.

– Au fait, où est-il, le DVD ?

– Chez moi, dit Nicolas, je l'ai mis au fond de mes étagères, derrière les livres.

– Et si ta mère le trouve ?

– Pas de danger, elle ne touche jamais à ma chambre. Elle me dit toujours : ce sont tes affaires, tu t'en occupes toi-même. Elle tient à ce que je fasse des choses tout seul. Elle dit que ça m'apprend l'automonie.

– Autonomie, imbécile, corrige Gaétan.

– Autonomie ou automonie, de toute façon, ça ne nous avance pas beaucoup. À mon avis, conclut John, il faudrait demander conseil à un grand.

– Oui, mais un qui soit sympa, qui n'aille pas tout raconter aux parents ; et qui soit assez fort pour nous aider vraiment.

– Je crois qu'on peut faire confiance à Marc, dit Laure, il nous a déjà donné un coup de main, il connaît l'affaire.

– Ça m'a l'air d'une bonne idée.

Comme ils sont tous d'accord sur ce point, ils se séparent à la fin de la récréation un peu moins inquiets.

À midi, Laure est tout heureuse car, ce jour-là, sa maman ne va pas au bureau et elle vient la chercher à l'école. Elle la trouve qui l'attend sous le préau. Sa mère est toujours pressée, en train de courir de son bureau à la maison, du supermarché à Paris pour apporter des vêtements propres à Marc, chez le dentiste pour les appareils des grands, mais quand elle a un peu de temps, elle est très câline et rapporte à Laure des cadeaux inattendus.

Comme les super calots goutte d'eau qu'elle est allée chercher dans une boutique spécialisée pour que Laure ait les plus belles billes de l'école. Quelquefois, aussi, elle raconte des histoires.

La seule chose que Laure lui reproche, c'est de n'avoir jamais le temps de l'écouter : elle écoute le début de ce qu'on lui raconte, et quand on veut finir sa phrase, elle est déjà partie aider les grands ou parler avec Fatima. C'est très énervant. Il n'y a que pendant les vacances qu'elle écoute bien, ou quand elle est seule avec Laure. Aussi, quand sa maman vient la chercher à l'école, Laure est vraiment contente.

– Alors, cette matinée s'est bien passée ?

– Ouais, on a appris le passé simple.

– Vous avancez vite, c'est un temps difficile, contrairement à ce que dit son nom.

– C'est vrai. D'ailleurs Ken s'est trompé, il a dit « se sauvit » au lieu de « se sauva ».

– Tu vois, ça n'est pas un temps très commode, mais dis-moi, où est ta maîtresse ?

– Là, avec monsieur Marcus, pourquoi ?

Maman est déjà partie vers la maîtresse qui bavarde, encore, avec l'ennemi numéro 1 des enfants.

– S'il vous plaît, mademoiselle, cette étourdie de Laure a oublié son blouson à l'école hier, vous ne l'auriez pas mis de côté ?

– Son blouson ? Non, je ne vois pas, comment est-il ?

– Bleu, avec une doublure bleue et blanche, Laure laisse traîner ses affaires partout.

– Je suis désolée, je n'ai pas remarqué, mais je regarderai cet après-midi dans les objets trouvés.

– Merci beaucoup, vous êtes gentille. Allez viens Laure, on rentre déjeuner.

Maman prend Laure par la main et dévale l'escalier, pressée comme toujours : il faut passer à la poste chercher une lettre recommandée, et à la boulangerie prendre du pain. Elle ne remarque pas le regard étrange que M. Marcus a porté sur Laure, et le visage soudain blême et terrorisé de celle-ci.

Bas les masques

Laure ne veut à aucun prix retourner à l'école l'après-midi. Il lui faut absolument trouver un prétexte pour rester à la maison. C'est le moment d'avoir mal au ventre. Elle utilise tous les trucs qui d'ordinaire déclenchent les fameuses douleurs : elle avale son déjeuner en dix minutes, prend trois desserts et boit un litre d'eau. Le résultat ne se fait pas attendre, son estomac gargouille de façon indécente. Laure gémit et se tortille, assurant qu'elle souffre le martyre. Mais maman prend sa température : 36°6 !

– Tu n'es pas malade, tu as juste mangé trop vite, allonge-toi, ça va passer.

Alors, Laure se découvre mal à la tête, puis aux genoux, puis partout. Mais maman, ce jour-là, n'est pas d'humeur inquiète, elle décide qu'on verra bien ce soir où en seront les douleurs de Laure, et qu'en attendant il faut aller à l'école.

Laure se débrouille pour traîner le plus possible et arriver bien en retard lorsque les enfants et les maîtres sont tous rentrés dans les classes. Elle se fait gronder par la maîtresse, mais ça vaut mieux que de croiser de nouveau le regard inquisiteur de M. Marcus.

À la récréation, elle se sent brusquement très mal et demande à la maîtresse de rester dans la classe. Mlle Legentil est compréhensive et elle aime bien Laure. Elle l'installe confortablement sur une banquette, lui met un manteau sur les genoux, lui donne un livre et lui dit que si elle se sent trop malade, elle peut venir la chercher dans la salle des maîtres.

Laure se fait toute petite sur son siège et se jure bien de ne pas mettre le nez hors de la classe. Oui mais voilà, on a beau prendre toutes les précautions possibles, quand le destin a décidé qu'il va vous arriver des ennuis, ils arrivent. Ils arrivent même à grands pas, sous la forme de M. Marcus, accompagné de la jolie Mlle Legentil. Catastrophe ! Cette dernière tient à la main le blouson de Laure.

– C'est bien ton blouson, n'est-ce pas ? demande la maîtresse.

– Ben… euh… euh… je crois…

– Très bien, dit M. Marcus, je commençais à m'en douter.

Puis il prend une chaise, la place à côté de la banquette de Laure, s'assoit dessus tranquillement en croisant ses mains bronzées, et se met à parler lentement :

– Écoute-moi, Laure, il faut que je t'explique quelque chose de très important, de très important pour moi, mais pour d'autres aussi, des industriels, des inventeurs, des policiers, et aussi pour toi et tes parents. Seulement il s'agit de quelque chose de secret, je vais te faire confiance en te mettant au courant, mais je veux que tu me fasses deux promesses : premièrement, que tu n'en parleras à personne, et deuxièmement, que tu m'expliques ce que tu es venue faire dans ma maison.

À mesure que M. Marcus parle avec sérieux et calme, Laure a moins peur. Elle se sent même envahie par un sentiment de confiance grandissant. C'est quand même d'une voix encore tremblante qu'elle dit :

– Je veux bien.

Comme Mlle Legentil se lève pour sortir discrètement de la classe et les laisser seuls, M. Marcus lui dit :

– Non, restez, Laure sera plus tranquille si vous êtes là. Et puis c'est grâce à vous que j'ai retrouvé la propriétaire du blouson bleu. Considérez seulement cette conversation comme confidentielle.

Il se tourne vers Laure :

– Voilà, je ne suis pas un vrai maître, je suis ici pour identifier des gens qui volent des secrets à la France et les expédient dans d'autres pays ; des secrets importants qui concernent la fabrication de médicaments pouvant aussi devenir des poisons. Est-ce que tu comprends ?

– Bien sûr que je comprends. Ça veut dire que vous êtes une espèce de policier, comme James Bond, et que les espions, ce sont les autres. Je suis bien contente, parce que je ne savais pas dans quel camp vous étiez, avec la police ou contre elle... Mais qui me prouve que vous dites la vérité ?

– Pour l'instant, je ne peux rien te prouver, répond M. Marcus. Je n'ai pas de carte d'identité avec écrit dessus « Service de contre-espionnage », ce serait trop dangereux ! Mais ce que je peux faire, c'est t'emmener, avec ton papa, dans mon bureau à Paris, au ministère de la Défense, et que vous demandiez à mon chef si je suis un espion ou un policier.

Mlle Legentil a l'air de le croire sur parole. Évidemment, elle est amoureuse de lui, alors ça n'est pas une garantie terrible ! Mais Laure se dit que s'il avait été un espion, il n'aurait pas pris la peine de lui expliquer tout ça. Il l'aurait enlevée à la sortie de l'école, et lui aurait tapé dessus jusqu'à ce qu'elle lui raconte où se trouvait le DVD.

– Allez-y, continuez, je vous crois.

Il sourit, se détend un peu, mais continue tout aussi sérieusement.

– Voilà. Une partie de ces gens dangereux travaille et opère à Montaigü…

– À la S.O.D.I.P. ? demande Laure.

Il bondit :

– Comment sais-tu ça ?

– À cause du DVD.

– Le DVD, c'est toi qui as le DVD ?

– Non, c'est pas moi, c'est Nicolas.

– Alors tu n'es pas seule dans le coup ?

– Non, on est neuf, il y a Nicolas, Ken et John, Gilles, Gaétan, Ludovic, Clothilde, Quentin et moi.

– Rien que ça ! Me voilà bien avec neuf associés de huit ans !

– Nicolas et Gilles ont presque neuf ans, proteste Laure.

– Considérable différence ! dit M. Marcus en riant. Bon, je crois qu'il est très important que tu m'expliques en détail ce qui vous est arrivé.

Alors Laure lui raconte l'aventure depuis le début, le portefeuille trouvé par terre...

– Je me suis demandé comment il avait pu rester là si longtemps sans être ramassé, déclare M. Marcus.

... L'espionnage, la première visite à la maison, les cambrioleurs surpris, la deuxième visite, la découverte du DVD...

Là, son interlocuteur est ébahi :

– Il n'y a que des gosses pour se demander comment le dernier *Superman* peut déjà être en DVD.

... Le retour des cambrioleurs, la fuite des enfants, Laure restée prisonnière dans les toilettes et qui réussit à s'enfuir à l'arrivée du maître... enfin, du faux maître.

– Tu as dû avoir follement peur !

– Oui, reconnaît Laure, et au retour, je n'ai jamais pédalé aussi vite de ma vie.

– Sans vous en rendre compte, vous m'avez rendu un fier service en emportant ce DVD.

M. Marcus réfléchit.

– Tout à l'heure vous allez venir me trouver dans ma classe, je voudrais parler à tes copains. Vous avez été astucieux et courageux, mais il faut que vous me rendiez le DVD, c'est capital pour la mission dont je suis chargé, et beaucoup trop dangereux pour vous. Heureusement que mes visiteurs ne vous ont pas trouvés. Ce qui est dommage, par contre, c'est que vous ne les ayez pas aperçus.

– J'en ai vu un, dit Laure, pendant que j'étais coincée dans les toilettes, j'ai regardé par le trou de la serrure. J'ai vu passer celui qui fouillait en bas. C'était pas le chef, le chef c'était l'autre, on s'en rendait compte à sa façon de donner les ordres. Mais le petit jeune, je l'ai bien vu.

– Tu vas me le décrire avec précision.

Après avoir noté la description de Laure, il secoue la tête.

– Dire que j'ai été aidé par des gamins de huit ans, quand ils vont savoir ça dans mon service, ils vont bien rigoler...

– Oh, vous savez, c'est pas la peine de le raconter, dit Laure, nous on se taira.

M. Marcus sourit.

– Non, tu vois, ce n'est pas le vrai problème, le vrai problème c'est que si nos espions se doutent que vous avez le DVD et que l'un de vous les a vus, vous allez être en danger. Nous allons tous nous réunir et tenir un conseil de guerre.

– Encore, s'exclame Laure, c'est la journée des conseils de guerre !

– Pourquoi ça ?

– On en a déjà tenu un ce matin pour décider si on prévenait les parents ou pas car on trouvait que cette affaire devenait risquée.

– Bon, sauve-toi, réunis discrètement tes amis et dis-leur de venir à quatre heures et demie dans ma classe, sans se faire remarquer. Demande-leur de tenir leur langue. À tout à l'heure, je compte sur toi.

Conseil de guerre bis

Ils ne sont pas peu fiers, tous les neuf, à quatre heures et demie, en se glissant dans les couloirs vers la classe de M. Marcus. Quentin se croit dans un film policier, il dégaine à chaque instant un revolver imaginaire qu'il pointe dans le dos de John, qui, agacé, menace de lui casser le bras avec une prise de judo particulièrement vache ; Gilles s'imagine recevant une décoration du président de la République pour services rendus à la nation ; Ludovic roule des épaules ; Clothilde est terrorisée comme d'habitude ; bref, ils sont très énervés.

M. Marcus les attend, à l'entrée, avec Mlle Legentil. Il les salue un par un, leur demande leur nom et les fait asseoir aux deux premiers rangs. Puis il ferme la porte, s'installe à son bureau, croise les mains (Laure se dit qu'il doit faire ce geste chaque fois qu'il a des choses importantes à dire), et commence de sa voix calme :

– Laure m'a raconté vos exploits, vous êtes des enfants bien imprudents, mais très malins, et vous m'avez rendu, sans le savoir, un grand service. Alors j'estime que je vous dois des éclaircissements.

Puis il leur explique, comme à Laure, qu'il est chargé de retrouver des espions étrangers qui ont volé en France des renseignements très importants relatifs à de nouveaux médicaments qui peuvent se transformer en poisons dangereux si on les mélange avec d'autres produits. Ces espions essaient actuellement d'expédier, dans un autre pays, les informations qui permettraient de fabriquer ces médicaments.

– Quel genre de poison peuvent-ils devenir ? demande Quentin, intrigué.

– Des produits qui annihilent la volonté, qui peuvent transformer quelqu'un en une sorte de robot obéissant.

– Comme s'il était hypnotisé ?

– Exactement, sauf qu'il a l'air normal et qu'il ne se rend compte de rien, et les gens autour de lui non plus. À petites doses, ils servent à soigner certaines maladies mentales, mais à fortes doses et un peu modifiés, ils risquent de transformer le comportement des gens.

– Mais c'est très dangereux, s'écrie Clothilde paniquée, et si on dit à un de ces hommes-robots de faire exploser des bombes n'importe où, il le ferait ?

– Tout à fait possible.

– Il faut arrêter ces gens tout de suite.

– Voilà pourquoi je suis ici, explique M. Marcus, mais mon travail n'est pas facile car je ne sais pas qui je dois attraper.

– Laure en a vu un ?

– Celui que Laure a vu est un complice. Il est important de connaître sa tête, mais ce n'est pas le principal personnage. Le principal travaille pour le moment à la S.O.D.I.P.

– Ce qui explique que le DVD filme l'entrée de la S.O.D.I.P. On s'est demandé ce que ça venait faire dans un *Superman*.

– C'est effectivement pour ça. Le film a été pris il y a dix jours par un de mes agents. Mon travail est d'identifier l'homme que nous cherchons parmi ces gens.

– Mais pourquoi ce type travaille-t-il à la S.O.D.I.P. ? Ce n'est pas un laboratoire, c'est une entreprise d'électronique, je le sais, maman y a travaillé, dit Ludovic.

– J'ai compris !

John, le fou d'ordinateur, a hurlé.

– C'est à cause des cartes à mémoire ; ils mettent les renseignements dans une carte magnétique comme celle qu'on a trouvée dans votre portefeuille, et qui nous a paru bizarre parce qu'il n'y avait rien d'écrit dessus.

– Décidément, vous êtes doués !

M. Marcus a l'air de plus en plus surpris.

– Tu as raison, c'est exactement ça. On sait que quelqu'un a déjà volé la formule des médicaments, ce type-là on le connaît, et on le suit partout, on sait qu'il va transmettre la formule à un complice, qui est aussi son chef et qui travaille en ce moment à la S.O.D.I.P. Celui-là inscrira la formule dans une carte à mémoire, imprimera n'importe quoi de pas important sur la carte et l'enverra à l'étranger. Nous voulons à la fois empêcher que la formule des médicaments quitte la France et arrêter l'espion de la S.O.D.I.P., mais on ne connaît pas son visage. C'est quelqu'un de très malin, qui est là depuis longtemps, qui se fait passer pour un employé modèle, travailleur et sérieux, et qui a sûrement déjà fait parvenir des tas de renseignements importants à l'étranger.

– Mais son complice peut tout bêtement lui téléphoner la formule.

– C'est peu probable car elle est très compliquée, il ne faut pas faire d'erreur en la transmettant, et seuls les chimistes peuvent la transcrire sans se tromper.

– Ce que je ne comprends pas, déclare Laure, c'est que vous vous soyez déguisé en maître d'école. Pourquoi n'êtes-vous pas allé travailler directement à la S.O.D.I.P. ? Ça aurait quand même été plus facile pour le surveiller.

– C'est très juste ce que tu dis, mais vois-tu, notre espion est un professionnel, il est très méfiant, il m'aurait sans doute vite repéré, et aurait changé de méthode pour faire sortir les renseignements. Il valait mieux avoir une bonne raison, bien innocente, d'être à Montaigü. En outre, nous savions que la bande pourrait trouver un allié à l'école.

À l'école ! L'aventure est de plus en plus passionnante !

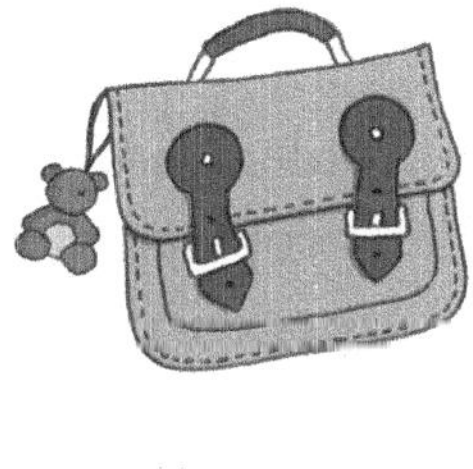

– Attention, cette personne est innocente. Il ne faut pas voir des espions partout. Il s'agit d'un ami de l'homme qui a volé la formule, mais qui ignore totalement ses activités dangereuses. Vous savez, la plupart des espions sont des gens ordinaires qui ont un métier, des amis et une famille comme tout le monde. Leur travail d'agent de renseignements – c'est le nom que nous leur donnons –, ils le font en plus et pas toujours volontairement, on peut les y avoir contraints par des menaces : tuer ou enlever des membres de leur famille ou révéler des informations qui leur porteraient tort. Ces hommes et ces femmes sont plutôt malheureux. Pour en revenir à ma présence à l'école, nous pensons que l'homme qui détient la formule pourrait peut-être se servir de son ami pour la faire parvenir à son chef. Il était donc important de surveiller aussi cette personne.

– C'est un maître ou une maîtresse ?

– Je ne vous le dirai pas, vous en savez déjà beaucoup trop pour votre sécurité et ma sérénité.

– Mais si vous voulez, nous pouvons vous aider à la surveiller, propose Nicolas. On commence à avoir de l'expérience.

– Justement, je trouve cette expérience largement suffisante.

– Et le DVD qu'on a trouvé chez vous, à quoi il sert ?

– Nous avons filmé toutes les entrées et sorties de la S.O.D.I.P. pendant plusieurs jours en nous disant que notre homme serait sûrement sur le film, et qu'en le faisant voir à des spécialistes du ministère, à tous ceux qui travaillent dans le contre-espionnage, quelqu'un finirait par l'identifier.

– Et alors ?

– Rien... personne n'a été reconnu.

– Pourtant ils ont essayé de voler ce DVD chez vous. En tout cas, c'est ce qu'ils cherchaient, ils disaient un film, des photos... Donc ils savent que vous avez filmé l'entrée de la S.O.D.I.P., et que l'homme que vous poursuivez est sur le film, insiste Laure.

– Tu as raison, répond M. Marcus, mais comment savoir lequel c'est ?

– Et si on le regardait de nouveau ce DVD ? Maintenant que vous nous avez expliqué à quoi il sert, on remarquerait peut-être quelque chose.

– Au fond pourquoi pas, on peut toujours essayer. Voilà ce que nous allons faire : ce soir, il est déjà tard, il faut que vous rentriez chez vous sinon vos parents vont s'inquiéter, et nous n'avons pas besoin de complications supplémentaires. Mais demain matin, après la récréation de dix heures, vous me rejoindrez dans la bibliothèque, je vous passerai le DVD, et on verra s'il vous vient une idée. Maintenant, un dernier conseil : surtout pas un mot de tout cela, ni à vos parents, ni à vos frères et sœurs, ni à vos copains, cette affaire n'est pas une plaisanterie, elle est dangereuse, et il vous faut, vous aussi, être prudents. Je compte sur vous.

Ce soir-là, dans son lit, chacun fait d'étranges rêves : Quentin est James Bond au volant d'une Ferrari roulante, volante, amphibie et aussi sous-marine ; Nicolas se voit chef d'un commando avançant difficilement dans la jungle à la recherche d'un trésor perdu ; Clothilde est devenue super-woman douée de pouvoirs magiques. Laure, elle, ne rêve pas, elle se demande comment l'homme qui a volé la formule va s'y prendre pour entrer en contact avec son complice. M. Marcus sera-t-il assez malin pour l'en empêcher ?

Têtes d'espions

Le lendemain, à la fin de la récréation de dix heures, la petite bande se retrouve dans la bibliothèque. M. Marcus a prétexté une expérience pédagogique pour obtenir des maîtres et maîtresses de CE2 l'autorisation de rassembler quelques-uns de leurs élèves.

Nicolas a sorti le DVD du fond de son cartable. Pour plus de précaution, il l'a enveloppé dans une feuille de papier d'emballage. Il a l'air complètement inoffensif.

C'est super, dit John, on dirait qu'on va regarder un *Superman* au lieu de travailler.

– Pas du tout, le coupe Gilles, nous avons un travail à faire ici, et plus important que les exercices de grammaire de la maîtresse.

– Un peu de silence, s'il vous plaît, demande M. Marcus.

L'écran de la télévision s'allume et les gratte-ciel de New-York apparaissent, tandis qu'éclate la musique triomphante qui accompagne toujours les exploits de Superman. Ce générique est parfait pour mettre tout le monde dans l'ambiance. Brutalement, le décor change et on voit arriver le car de la S.O.D.I.P., des gens en descendre, des voitures qui passent, des piétons.

– Où était placé celui qui a filmé ? demande une petite voix dans le noir, les images ne sont pas très nettes.

– À plusieurs endroits, il ne fallait pas se faire remarquer, aussi nous avons filmé une fois depuis une voiture, une fois depuis la poste, et une autre fois depuis l'intérieur d'un appartement situé à côté de la S.O.D.I.P.

Suivent quelques minutes au cours desquelles rien ne se passe, puis on voit quelques entrées dispersées, et la sortie de midi. Là, on aperçoit surtout des piétons et des voitures car beaucoup d'employés déjeunent sur place. Le film continue avec la rentrée de quatorze heures, après le déjeuner, et la sortie des bureaux le soir à cinq heures et demie.

Les enfants ont beau regarder avec attention, ils ne notent rien qui signale la présence d'un espion.

Un espion c'est difficile à repérer, son métier n'est sûrement pas inscrit sur sa figure. Il y a comme cela trois « journées » d'entrées et de sorties filmées. C'est long, monotone et ennuyeux. Le contre-espionnage a des aspects amusants, mais regarder les gens entrer et sortir d'un bureau, ça manque d'action.

M. Marcus rallume la lumière.

– Alors ?

Tous se regardent un peu gênés.

– Rien... on n'a rien trouvé.

– Ce sont des gens ordinaires.

– Dire qu'un espion se cache dans le tas ! On ne s'en rend vraiment pas compte.

– Moi, je pense qu'il y en a un dont on devrait se méfier, dit Quentin, c'est un grand brun avec une moustache, il a une voiture de sport rouge.

– Tu crois qu'un vrai espion se ferait remarquer comme ça, ironise Nicolas. Un espion doit passer inaperçu !

– Et pourquoi s'il te plaît ? Tu n'en sais rien, tu n'as jamais fait ce métier.

– Toi tu crois toujours que les types qui ont des voitures de sport sont des mecs terribles.

Bientôt la dispute devient générale et Ludovic commence à menacer de faire taire ces idiots, en brandissant ses poings devant son nez. Seule Laure reste silencieuse dans son coin. Elle est pensive.

M. Marcus se penche vers elle :

– Quelque chose qui ne va pas, Laure ?

– Je ne sais pas… je ne suis pas sûre… il y a un truc qui m'a frappée dans votre film. Sur le moment, je n'y ai pas fait attention, mais je crois avoir vu un visage qui me dit quelque chose. Comme votre espion, on ne l'a jamais vu, je n'ai pas réagi, j'ai seulement pensé : il y a un visage connu dans le film. Mais ce n'est pas le seul : on voit passer le facteur, on voit Mme Taquet qui va faire ses courses, on reconnaît des mamans qui passent devant la S.O.D.I.P. pour aller au marché… mais ce visage-là, je me demande où je l'ai vu. On pourrait repasser le DVD ?

Du coup, plus personne ne se dispute, les regards sont à nouveau tournés vers l'écran avec concentration.

– Vous pouvez le passer en accéléré, c'est plus loin, je vous dirai.

Les images se mettent à défiler à toute vitesse.

– C'est là, stop, revenez en arrière, là… Les gens montent dans le car et une 4 l blanche passe lentement le long du car au même moment…

Stop ! crie Laure, vous voyez le conducteur de la 4 l, là, je le connais.

– Mais il ne sort pas de la S.O.D.I.P., dit Ludovic.

Laure n'écoute pas, elle regarde attentivement le visage un peu flou du chauffeur, un visage jeune avec des cheveux blonds et longs, un blouson noir...

– Ça y est, je sais ! C'est le voleur que j'ai vu dans votre maison, par le trou de la serrure. C'est lui, j'en suis sûre !

– Laure, tu es vraiment formidable ! s'écrie M. Marcus.

Il la soulève et l'embrasse sur les deux joues. Laure devient toute rose, aussi rose que la maîtresse quand il rentre dans la classe.

– Ça vous apprend quoi ? demande Gilles, intrigué.

– Repassons le film et regardons attentivement. On dirait que cet homme cherche à attirer l'attention d'une des personnes qui montent dans le car. Il y a quatre personnes debout devant le car qui s'apprêtent à y grimper : une jeune fille qui a déjà un pied sur la marche, un monsieur derrière elle avec un chapeau, un autre avec un blouson et une casquette et une dame qui se retourne, manifestement pour regarder le chauffeur de la 4 l.

– Alors c'est elle ! crient les enfants.

– Je n'en suis pas si sûr, regardez, je repasse le film. Vous voyez elle est mécontente, sans doute le jeune homme l'a-t-il frôlée au volant de sa voiture. Je ne crois pas que ce soit elle, je pense qu'il s'agit plutôt d'une des trois premières personnes. Eh bien ! Les enfants, nous n'avons pas perdu notre temps, je vais tout de suite faire agrandir les photos de ces gens et dire à mes hommes de les suivre, il n'y a pas une minute à perdre.

M. Marcus se tourne vers Laure et lui déclare solennellement :

– Si tu veux faire du contre-espionnage quand tu seras grande, préviens-moi, je te prendrai tout de suite dans mon équipe !

– Et nous alors ? hurlent les autres.

– Certainement aussi, à condition que vous vous disputiez un peu moins !

– Monsieur, vos photos vous les aurez quand ?

– Cet après-midi. Je vais immédiatement les distribuer à mon équipe : à ceux qui surveillent l'homme qui détient la formule des médicaments et à ceux qui surveillent la S.O.D.I.P.

– Et s'ils se rencontrent pendant le week-end ?

– Il va nous falloir être très vigilants.

– Vigilants ? Ça veut dire quoi ?

– Qu'il va falloir être attentifs à tout ce qui se passe.

– Vous êtes sûr que vous êtes assez nombreux ? Si vous voulez, on peut vous aider…

– Je vous remercie tous, vous m'avez déjà beaucoup aidé, maintenant ça risque de devenir dangereux. J'aimerais mieux que vous vous teniez à l'écart, mais ça ne vous empêche pas de réfléchir : si vous avez une idée sur la façon dont nos espions vont s'y prendre pour se transmettre les renseignements, faites-le-moi savoir, j'en tiendrai compte. Bon week-end à tous, et à lundi.

Et pour leur prouver que ses paroles sont sérieuses, il leur donne son numéro de téléphone.

Au moment de partir, Clothilde, rose de confusion et se tortillant les cheveux, extirpe de sa poche le carnet d'adresses pris chez M. Marcus lors de la fouille.

– Hum… Monsieur…

– Oui ?

– Dans votre maison, quand on cherchait des indices, on a emporté ça aussi. On pensait qu'il pouvait contenir des informations importantes...

– Vous ne faites pas les choses à moitié, vous autres ! C'est tout ce que vous avez embarqué ?

– Euh... non, pas vraiment, murmure Quentin en lui tendant une enveloppe. Ce sont des photos de votre pêche à l'espadon. On s'est dit que vous aviez peut-être rencontré des espions en Afrique, et qu'ils seraient sur les photos !

M. Marcus fronce les sourcils, ses yeux se plissent, il va se mettre en colère... Non, il se détend et sourit :

– Pour des apprentis détectives, vous n'êtes pas mauvais ! Allez, filez !

Le double anniversaire

Ce n'est pas un dimanche comme les autres, car c'est l'anniversaire de Ken et John, et cet anniversaire-là est toujours une sacrée fête.

Les parents de Ken et John ont une grande et jolie maison, et ils préparent beaucoup de jeux, de concours, de petits cadeaux pour chacun, et un superbe goûter. L'événement est très attendu. Tout le monde en sort épuisé (surtout les parents de Ken et John), mais enchanté.

Laure est déjà prête à dix heures du matin, bien que l'invitation soit pour deux heures de l'après-midi. Elle a choisi ses vêtements préférés : son jean gris, son pull noir et blanc avec des inscriptions en anglais, ses baskets noires, et le blouson gris et blanc que son cousin lui a offert.

Elle a l'air d'un rocker, et les copains la trouveront géniale. Au déjeuner, sa mère est un peu surprise.

– Où vas-tu déguisée comme ça ?

– Tu sais bien, c'est l'anniversaire de Ken et John.

– Et tu comptes y aller dans cette tenue ?

– Je ne vais pas mettre une robe avec un col blanc, des collants et des ballerines vernies !

– Tu pourrais au moins choisir un autre pull-over, tu as tellement porté celui-ci que les manches sont trouées. Je veux bien que tu t'habilles en rocker, pas en SDF !

– D'accord, je change de pull, mais tu me coiffes en star.

– Et puis quoi encore ! Tu veux te maquiller aussi, et mettre des boucles d'oreilles fluo ? On n'est pas au cirque ici !

Laure, la mort dans l'âme, doit changer de pull-over et supporter une queue de cheval « normale » ; dès que sa mère a tourné le dos, elle tire sur ses cheveux pour les mettre sur le côté. À deux heures, elle file avec ses deux cadeaux sous le bras.

Ken et John habitent tout près de chez elle et elle y va souvent à vélo ou en skate car, entre les deux maisons, il y a une superbe pente pour glisser. Laure n'est pas la première, Nicolas et Quentin sont arrivés, ils se poursuivent en hurlant dans l'escalier et la maman de Ken et John a déjà l'air fatigué. En entrant dans le salon, Laure est accueillie par une exclamation :

– Ah ! On ne te voit plus à l'école en ce moment, tu disparais mystérieusement à chaque récréation, que t'arrive-t-il ?

Zut et rezut, c'est ce prétentieux de Bertrand. Quelle idée stupide de l'inviter, il ne va pas la lâcher de l'après-midi.

– Salut, dit Laure le plus froidement possible, où sont Ken et John ?

– Dans la cuisine, ma chère, ils préparent, paraît-il, une surprise.

« Ma chère » ! Pourquoi pas « princesse » ? Il ne peut pas parler comme tout le monde, Bertrand !

– Ah ! Bon, je vais voir si je trouve Nicolas.

– Je t'accompagne, insiste Bertrand, on doit toujours accompagner les jeunes filles au cas où elles auraient besoin d'aide.

« Drôle d'aide, pense Laure, il court comme un canard, il ne sait pas jouer aux billes, quant à se battre… je parie qu'il s'enfuit au premier coup de poing. »

– Laure, psitt, viens par ici.

C'est Gilles qui lui fait discrètement signe depuis le haut de l'escalier. Elle se précipite vers le premier étage pour le rejoindre, plantant Bertrand sur place.

Toute la bande, sauf Ken et John qui préparent leur surprise, est assise par terre dans la chambre des jumeaux.

– Tu as trouvé, toi, comment notre espion va s'y prendre ? Tu y as réfléchi ?

– Non, avoue Laure, je pense que cette histoire devient un peu délicate pour nous. À monsieur Marcus de se débrouiller, c'est son métier et il a l'air assez fort.

– Mais s'il n'y arrive pas, tu te rends compte comme c'est dangereux, on va devenir des robots !

Et Quentin se met à marcher comme un automate, droit devant lui, les yeux fixes, en bousculant tout sur son passage.

– Mais non, les savants trouveront alors un autre médicament qui effacera les effets du premier, et puis... on verra bien.

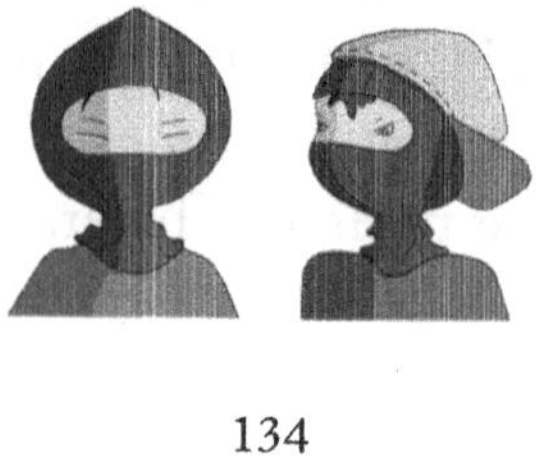

À ce moment, la porte s'ouvre, et la tête inquiète de Bertrand apparaît.

– Ah ! te voilà Laure, je te cherchais partout, mais qu'est-ce que vous fabriquez ? Ça ne se fait pas de s'enfermer quand on est invité à un anniversaire. Il faut descendre jouer avec les autres.

Quel crétin celui-là, et quel pot de colle ! On ne peut même pas discuter tranquillement sans qu'il s'impose.

– On t'a demandé quelque chose ? lui crie Ludovic exaspéré.

– Non pourquoi ?

– Alors, redescends, et fiche-nous la paix.

– Mais, mais, je, je… je n'accepte pas qu'on me parle sur ce ton.

Bertrand est si surpris qu'il en bégaie.

– On va voir si tu n'acceptes pas.

Ludovic se lève lentement et retrousse ses manches. Il va y avoir de la bagarre, Bertrand devient blanc et… on entend de grands bruits de cloche et des cris de joie venant du salon. C'est la fête qui commence par une partie géante de colin-maillard.

Bertrand a eu de la chance, Ludovic adore jouer à colin-maillard et il file le premier vers le jardin où le jeu est organisé.

Après colin-maillard, on passe à une gigantesque pêche à la ligne, puis à une course en sac que Ludovic gagne bien entendu et enfin au jeu de l'âne sans queue : les yeux bandés, il faut recoller sa queue à un âne dessiné sur une feuille de papier. Clothilde la met sur le nez, Gilles sur un sabot, Ken sur le dos, seul Quentin réussit toujours à la coller au bon endroit, il est même si précis que cela paraît étrange. Quelqu'un crie :

– Il triche, il voit à travers le foulard.

Il triche peut-être, Quentin (même sûrement), mais il n'aime pas qu'on le lui dise et il a un coup de poing féroce. Celui qui a crié se retrouve par terre avec un œil tout bleu.

Nicolas hurle :

– C'est vrai, tu n'as pas le droit de tricher.

Et vlan, le poing de Quentin atterrit dans l'estomac de Nicolas. Mais Nicolas ne se laisse pas faire. Son pied s'envole en direction du genou de Quentin, qui l'évite. Le pied atteint Gilles qui se met aussitôt à boxer.

La bagarre devient générale. Tout le monde tape sur tout le monde, sauf Bertrand qui se tient à l'écart et regarde avec réprobation les autres s'agiter.

Laure n'apprécie pas son air méprisant et d'un bon croche-pied, bien ajusté, elle le fait atterrir au milieu de la mêlée. C'est une cible de choix, chacun abandonne son adversaire pour lui tomber dessus. Si le papa et la maman de Ken et John n'étaient pas arrivés à ce moment-là, avec deux énormes gâteaux couverts de bougies allumées, il ne serait sans doute pas resté grand-chose de Bertrand.

C'est vraiment un anniversaire fantastique que celui de Ken et John, un vrai double anniversaire, on y mange deux fois plus, et on s'y amuse deux fois plus qu'aux autres fêtes. Le soir, quand les parents viennent récupérer leurs enfants, Laure entend Bertrand se plaindre à sa mère :

– D'abord ils m'ont tapé dessus alors que je leur avais rien fait, et ils m'ont insulté. Mais je me vengerai, je sais qu'ils ont un secret, qu'ils font des choses défendues ; ils ont parlé de médicaments qui transforment les gens en robots, je les ai entendus, et monsieur Marcus est avec eux.

– Voyons, Bertrand, tout cela est ridicule. Ce sont des inventions d'enfants.

– Pas du tout, ils sont sérieux, ils avaient l'air d'avoir drôlement peur. Quand c'est un jeu, on n'a pas peur.

– Curieux cette histoire d'enfants qui jouent avec des médicaments dangereux, dit la maman de Bertrand, vraiment curieux. J'en parlerai à la directrice.

Il ne manquait plus que ça ! Ce petit crétin de Bertrand n'est pas seulement prétentieux et collant, mais en plus il écoute aux portes et il rapporte tout à sa mère. En attendant, il faut prévenir les autres. Laure s'aperçoit alors qu'elle est presque la dernière et se dépêche de rentrer chez elle. Elle leur racontera cela demain.

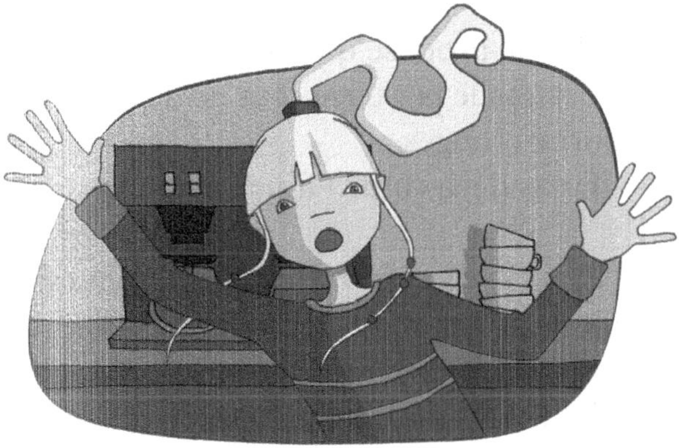

À la cafétéria

– Ce Bertrand est un sale rapporteur.

– On se vengera, vous allez voir, on va trouver une terrible vengeance.

– On va l'enfermer seul dans une pièce toute noire avec des crapauds et des serpents !

Clothilde a peur du noir et elle pense qu'il n'y a pas pire punition que d'être seul sans lumière, alors avec des serpents et des crapauds...

– On va le boxer, hurle Gilles.

– On va le pendre et le lyncher, propose Quentin, et après on fera une grande fête.

– On pourrait mettre une souris ou des cafards dans son cartable, dit John d'un air pensif, et peut-être aussi des araignées... C'est pas mal, les araignées...

– Moi, je propose qu'on le couvre de miel et qu'on l'attache par terre tout nu à côté d'un nid de fourmis rouges.

– Tu as déjà vu des fourmis rouges par ici, toi !

– Des types comme ça, ça ne devrait pas exister, non vraiment, ça ne devrait pas, répète Laure.

– Tiens, le voilà, on va voir ce qu'on va voir...

Nicolas démarre, le front en avant vers l'adversaire, quand une main solide l'attrape par le col.

– Mais où vas-tu donc comme ça, Nicolas ? Tu vas te cogner si tu fonces ainsi tête baissée, on dirait un taureau furieux, dit en riant M. Marcus.

– C'est Bertrand, il a entendu notre secret, il écoutait aux portes, il a tout dit à sa mère et elle veut en parler à la directrice.

– Diable, c'est embêtant, vous me raconterez ça en détail plus tard. Il se peut que notre affaire soit réglée rapidement, et dans ce cas, ce que dira la maman de Bertrand n'aura plus aucune importance.

– Il y a du nouveau ?

Chacun lève avidement les yeux vers le faux maître.

– Oui. L'homme qui a volé la formule a quitté Paris ce matin et on dirait qu'il prend la route de Montaigü. La rencontre avec l'individu que nous recherchons ne va pas tarder.

– On peut venir avec vous pour l'arrêter ? hurlent-ils tous ensemble.

– Pour que vous receviez des coups ou qu'il vous prenne en otages ! Vous restez sagement à l'école, je vous promets de vous tenir au courant.

M. Marcus ne fera pas classe aujourd'hui. Il a des problèmes plus importants à régler.

Il est bien difficile de fixer son attention sur ce que dit la maîtresse ce matin-là, d'ailleurs la maîtresse aussi est distraite, elle regarde constamment par la fenêtre. Jamais une matinée n'a paru aussi longue. À midi, Laure est très surprise de trouver Julie qui l'attend devant le préau.

– Fatima a dû partir à Paris, maman m'a donné de l'argent et a dit que nous allions déjeuner à la cafétéria de *Carrefour* toutes les deux.

– Génial ! Je pourrai choisir ce que je veux.

– Si ça ne dépasse pas la somme qu'on m'a donnée.

Main dans la main, elles filent vers le centre commercial. Laure n'y va pas souvent déjeuner, surtout seule avec Julie, aussi se réjouit-elle. Elle prendra des frites, il y en a toujours à la cafétéria tandis qu'à la maison, on n'en fait jamais, maman dit que ça sent trop mauvais. Elle pourra peut-être accompagner les frites de poulet à la mayonnaise, et d'une glace, un vrai festin !

Dans le restaurant, la queue est déjà longue de gens qui attendent avec un plateau et défilent devant les plats présentés. Laure et Julie, au bout de la file, piétinent avec impatience. Que les gens sont lents et qu'il y a de monde aujourd'hui ! Laure contemple ce défilé de clients qui ont faim : ils ne sont pas particulièrement drôles et il y a bien peu d'enfants dans le lot.

Soudain, elle se raidit : passant devant de superbes tartes aux fraises, elle vient de reconnaître le jeune homme blond au blouson noir de la maison d'Herbelay. Il a un peu changé, il n'a pas son blouson, et il s'est fait couper les cheveux, c'est pour ça qu'elle ne l'a pas identifié tout de suite, mais elle voit briller à son poignet le lourd bracelet en or qu'elle avait déjà remarqué.

– Julie, l'espion, il est ici…

– Hein ! qu'est-ce que tu racontes ?

– Je te dis qu'il est là, avec son plateau, devant les tartes aux fraises.

– Un espion… dans les tartes aux fraises… quelle est cette nouvelle invention ?

– C'est vrai, tu n'es pas au courant, monsieur Marcus nous a fait promettre le secret.

– Monsieur Marcus le maître de CM1 ? Que vient-il faire dans ton histoire d'espionnage ?

– Ce n'est pas un vrai maître, mais un policier qui fait la chasse aux espions, et nous on l'aide.

– Ah… vous l'aidez !

À la tête de Julie, on voit bien qu'elle ne croit pas un mot de ce que raconte sa sœur.

– Je t'assure que je n'invente rien, s'énerve Laure. D'ailleurs, tu viendras avec moi voir monsieur Marcus, il t'expliquera. Le type là-bas, je l'ai vu par le trou de la serrure quand j'étais cachée dans les toilettes de sa maison. Il a même failli me découvrir.

– Qu'est-ce que c'est que ce roman ? Dis Laure, tu es sûre que tu te sens bien ?

Et puis zut ! Ce serait trop long d'expliquer à Julie toute l'histoire en détail. Il faut qu'elle trouve une idée pour prévenir M. Marcus de la présence du jeune homme blond à la cafétéria, c'est sûrement important.

– Tu veux des frites avec ton poulet ?

Julie la regarde avec une certaine inquiétude.

– Heu...

– Écoute, Laure, c'est fini ce cirque d'espions et de je ne sais quoi, je te demande si tu veux des frites ?

– Oui, oui bien sûr !

Laure réfléchit à toute allure : téléphoner à M. Marcus ? Mais il n'est pas chez lui en ce moment, il doit être caché à l'entrée de la S.O.D.I.P. Filer à la S.O.D.I.P. ? Entretemps, le blond pourrait disparaître. Elle continue à avancer en poussant son plateau et sans perdre de vue l'homme au bracelet si voyant.

– Comme dessert, tu veux quoi ?

– Une tarte aux fraises.

Le jeune homme s'éloigne, il va s'asseoir dans le fond de la cafétéria, dans un coin assez sombre. Julie part avec son plateau dans la direction opposée.

– Non pas par là, il y a trop de bruit, allons plutôt par ici, dit Laure.

– Comme tu veux.

Heureusement, Julie n'est pas contrariante.

Laure choisit une petite table d'où elle peut surveiller facilement son suspect. Julie, en face d'elle, tourne le dos au jeune homme blond et lui cache en partie Laure. C'est très commode.

– Dis-moi, cet homme que tu as vu par le trou de la serrure des toilettes de monsieur Marcus, c'est un rêve ou quoi ?

– Non, c'est la vérité, j'ai même eu drôlement la trouille. Je te raconterai tout si tu veux, mais après. Le maître nous a demandé de ne rien dire à personne jusqu'à ce qu'il ait arrêté l'espion principal.

– Où avez-vous été chercher tout ça ?

– Mais Julie, je te jure que c'est vrai, tu ne me crois jamais quand je te dis des choses importantes. D'ailleurs ce type blond, il est à la cafétéria, derrière toi. Non, ne te retourne pas, il ne faut pas qu'il se doute qu'on l'a reconnu.

– C'est une histoire de fous.

– Mais non, c'est du contre-espionnage, tu ne comprends rien. Tiens, c'est bizarre, il y a un bonhomme qui vient s'asseoir en face de lui. Celui-là, je ne l'ai jamais vu, ils font semblant de ne pas se connaître, mais quand même, s'ils ne se connaissaient pas, il ne serait pas venu s'asseoir à cette table alors qu'il y a plein de places ailleurs. Ils ne se parlent pas, je ne vois pas très bien ce qui se passe... Pousse-toi un peu à droite Julie, là, c'est mieux. Ils mangent chacun de leur côté sans se regarder... Tiens, pourquoi le nouveau bonhomme pose-t-il son pain sur le plateau de l'autre, voilà l'autre qui le prend, il fait semblant de le couper et… il met la main dans sa poche ! J'ai compris, la formule était sous le pain, le type qui vient d'arriver c'est le complice qui vient de Paris, et au lieu de donner la formule directement à l'homme de la S.O.D.I.P., il va la faire passer par le garçon blond… j'ai compris… c'est terrible… il faut absolument prévenir M. Marcus.

Laure est très agitée et Julie la regarde de plus en plus inquiète, se demandant si elle n'est pas devenue folle. Soudain le garçon blond se lève et se dirige vers le distributeur de café… et là, attendant tranquillement dans la queue, il y a l'homme au chapeau de la S.O.D.I.P. Laure comprend en un éclair ce qui va se passer : la formule va changer de main !

Elle crie à Julie :

– Je veux une glace, une énorme glace.

Les glaces sont préparées au même endroit que les cafés. Elle fonce vers le comptoir, attrape un plateau, et, bousculant tout le monde, se place entre le jeune homme blond et l'homme au chapeau. Dressée sur la pointe des pieds, elle demande à la serveuse :

– Je veux une glace, une énorme glace, une banana-split, avec des amandes, de la sauce au chocolat et de la crème fouettée, et vite, il faut que je retourne à l'école.

Tous les regards, réprobateurs, se tournent vers elle. Quelle gosse mal élevée ! Juste ce qu'elle voulait.

Julie s'approche, affolée, quand Laure aperçoit des mouvements dans la cafétéria. Plusieurs hommes qu'elle n'avait pas remarqués se lèvent des quatre coins de la salle et se dirigent vers le distributeur de café. Parmi eux elle reconnaît M. Marcus ! Il l'a vue, il a compris son stratagème, il arrive avec ses agents en renfort !

Le jeune homme blond essaie de se rapprocher de l'homme au chapeau, poussant Laure prise en sandwich entre les deux, et qui continue de faire du tapage en réclamant sa glace à la serveuse fort mécontente.

Les hommes de M. Marcus se rapprochent. Soudain Laure sent qu'on lui tape sur l'épaule, le faux maître la tire en arrière et lui fait énergiquement signe de disparaître.

Plantant là son plateau et sa gigantesque glace, elle se glisse sous la barrière métallique et file vers sa table, toujours suivie de Julie qui n'y comprend vraiment plus rien.

Au moment où elle arrive à sa place, un tumulte se produit du côté de la machine à café, on a l'impression que brusquement, beaucoup de gens se sont rassemblés là et se bousculent, on entend des cris et des coups et soudain, le claquement sec d'un revolver. Les clients de la cafétéria, affolés, se lèvent.

Dans le brouhaha, le groupe d'hommes qui entourait la machine à café s'écarte, laissant voir la silhouette allongée par terre d'un homme qui gémit en se frottant le genou.

Debout, à côté de lui, M. Marcus le menace de son revolver et derrière, deux autres hommes tiennent le type blond par les bras d'une façon si solide qu'il ne peut pas bouger.

Le complice, venu de Paris avec la formule, a disparu. Quelqu'un dit :

– Restez calmes, mesdames et messieurs. Des policiers vont évacuer ces gens.

Le cœur de Laure bat à grands coups, elle sent sa tête tourner et elle voit la cafétéria devenir noire. Elle va tomber par terre quand Julie, affolée, la rattrape.

– Laure, que se passe-t-il ? Tu te sens bien ? Tu es toute pâle, allonge-toi. Mais qu'est-ce qui t'a pris d'aller chercher cette glace, et qui sont ces types ?

– Je crois que j'ai eu peur, dit Laure d'une

toute petite voix, oui, ça doit être ça, j'ai eu peur. Mais maintenant que cette histoire est finie, je me sens mieux. Je suis bien contente que monsieur Marcus soit arrivé à temps et que l'espion n'ait pas pu envoyer la formule dans un autre pays.

– Quelle formule ? Quel espion ? Tu vas bien finir par m'expliquer de quoi il s'agit ?

– Ça va mieux.

Laure reprend des couleurs.

– J'ai faim, je vais pouvoir manger ma tarte aux fraises et après je te raconterai.

Des policiers en uniforme entrent à ce moment-là dans la cafétéria, ainsi que deux infirmiers portant un brancard. L'homme au chapeau, le pantalon plein de sang, est allongé sur le brancard. On met des menottes au jeune homme blond et le groupe se dirige vers le car de police et l'ambulance qui attendent dehors.

M. Marcus, souriant, s'approche alors de la table de Laure et Julie :

– Sacrée Laure, tu m'auras étonné jusqu'au bout. Tu as eu un fameux cran de te mettre entre ces deux bonshommes en faisant un bruit d'enfer pour qu'on te remarque. Nous avions vu l'homme qui venait de Paris, mais nous n'avions pas repéré le blond, c'est grâce à toi qu'on a pu agir si vite et sans casse… Bravo ! Tâche quand même de mener une vie plus calme maintenant, ce serait plus prudent.

Et il s'en va à grands pas vers le car de police.

– Enfin Laure, qui est cet homme qui te parle d'une si drôle de façon ?

– Monsieur Marcus, tu sais bien, c'est lui le chef du contre-espionnage, enfin… un des chefs.

– Celui qui est aussi un maître de CM1 ?

– Voilà, tu as compris.

– Comment peut-on être à la fois maître de CM1 et espion ?

– C'est là toute l'histoire, je vais t'expliquer…

Épilogue

M. Marcus ne reviendra plus faire la classe de CM1 à l'école de la Châtaigneraie, un nouveau maître est arrivé, tout jeune, un peu timide et souriant. Sûrement pas un contre-espion celui-là ! Mlle Legentil n'a d'ailleurs pas l'air de le trouver très passionnant. À la récréation, la petite bande se réunit et se remémore sans fin les épisodes de l'aventure :

– Et tu te rappelles quand Ken a crié que les voleurs arrivaient, qu'est-ce que j'ai couru...

– Et Clothilde qui pleurait comme une Madeleine...

– Tu te souviens quand j'ai trouvé le DVD de *Superman*...

– Laure, raconte-nous encore quand tu as fait l'imbécile à la cafétéria pour les empêcher de se parler...

Les vacances de la Toussaint approchent, les feuilles commencent à jaunir et tomber, les brumes annoncent l'hiver et les enfants sentent bien que cette période tumultueuse est terminée et qu'il va falloir se mettre au travail.

Ce mardi-là, ils sont assis tous les neuf à côté des escaliers, dans leur coin favori, quand Mlle Legentil se dirige vers eux :

– Les enfants, vous êtes libres demain après-midi ?

– Pour quoi faire ?

– Monsieur Marcus vous invite à un grand goûter dans sa maison d'Herbelay.

– Génial ! Bien sûr qu'on est libres et puis si on ne l'était pas, on se débrouillerait pour se libérer.

C'est ainsi qu'ils se retrouvent, par un beau mercredi d'automne, autour d'un grand feu de cheminée et de plateaux couverts de petits gâteaux et de jus de fruits.

– Vous allez garder cette maison, monsieur Marcus ?

– Non, malheureusement, elle n'est pas à moi. Elle avait été louée pour faciliter mon travail, maintenant que je n'en ai plus besoin elle va être rendue à son propriétaire.

– Vous habiterez où ?

– À Paris, comme avant, mais je regretterai cette maison, je l'aimais bien.

– La maîtresse ou le maître ami de l'espion de la S.O.D.I.P., vous pouvez nous dire qui c'est ?

– Je crois que cette personne préfère qu'on ne le sache pas. Elle n'est pas très fière d'avoir eu pour ami un homme qui trahit son pays. Il vaut mieux lui laisser son secret.

– Vous avez trouvé la formule ?

– Oui, elle était bien dans la poche du jeune type blond.

– Et l'autre homme, celui qui venait de Paris, vous l'avez arrêté ?

– Oui, bien sûr. Il s'était sauvé de la cafétéria, mais comme nous savions où il habitait, on l'a tout simplement retrouvé chez lui. Cette affaire s'est bien terminée. D'ailleurs on m'a chargé de vous remettre une récompense pour vous remercier de l'aide que vous nous avez apportée.

On en a créé une spéciale pour vous, car nous n'avions jamais eu comme assistants des gamins de CE2 ! On l'a appelée « médaille du jeune mérite », j'espère qu'elle vous plaira.

M. Marcus prend sur la cheminée neuf petites boîtes carrées et en donne une à chacun. À l'intérieur, sur une feuille de papier de soie, repose une belle médaille dorée représentant une grande main d'homme qui serre une main d'enfant. C'est superbe ! La médaille est accrochée à un ruban bleu, blanc, rouge, et sur le ruban, il y a une barrette qui permet de l'épingler aux vêtements.

– Voilà comment on la met.

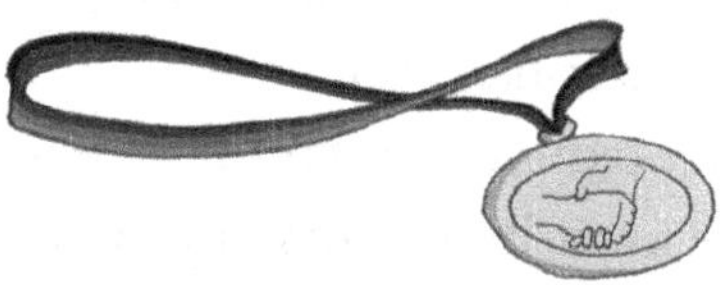

M. Marcus en prend une et la fixe sur le pull-over de Nicolas. Chacun accroche sa médaille, tandis que le maître des lieux apporte une énorme boîte noire.

– Et voilà une autre récompense, moins brillante, mais que vous apprécierez peut-être plus.

La boîte est pleine de chocolats.

À la fin de l'après-midi, ils ont l'estomac un peu barbouillé tant ils ont mangé de chocolats, de petits gâteaux et bu de jus de fruits. Les médailles sont accrochées sur les poitrines, tout le monde est heureux et un peu triste. Ils ne reverront plus M. Marcus du CE2 ; cette aventure excitante est finie, ils vont redevenir des élèves ordinaires.

– Et maintenant, monsieur Marcus, où allez-vous ?

– Aux Caraïbes, je pense.

– Pour une nouvelle mission ?

– Peut-être pas, dit-il en souriant et prenant la maîtresse de Laure par la main, ou alors une mission très spéciale.

Mlle Legentil est aussi rose qu'un coucher de soleil sur la mer des Caraïbes.

– À Noël, je reviendrai vous voir, je vous apporterai des photos de mon voyage... nous ferons de nouveau une grande fête, et cette fois avec de la langouste !

C'est avec des rêves de langoustes, d'eau bleue, de soleil et de pêche à l'espadon qu'ils rentrent chez eux ce soir-là, bien décidés à garder longtemps le souvenir d'un maître pas ordinaire.

Retrouvez « Laure et compagnie » dans les autres romans de la série :

Opération caleçon au CE2
Extraterrestre appelle CM1
Les CM1 en classe mystère
Les CM2 à la une
Panique en 6ᵉ A

Table des matières

L'auteur

D'aussi loin qu'elle s'en souvienne, Catherine Missonnier a toujours inventé des histoires.

Pour elle d'abord : petite, elle vivait un pied dans la réalité, l'autre dans un espace parallèle. Puis pour ses amies de pension, au lycée de Tananarive où les longues récréations débridaient l'imagination. Enfin, avec un plaisir renouvelé, pour ses quatre enfants.

En 1988, elle s'est accordé une parenthèse dans sa vie familiale et professionnelle surchargée, pour coucher quelques aventures dans un cahier à spirale. Cela lui a procuré tant de plaisir qu'elle a délaissé l'urbanisme pour des histoires d'espionnage, de kidnapping, de sorciers et de voyage !

L'illustratrice

Jessica Secheret est née en 1978. Dès son plus jeune âge, elle a les mains encombrées de crayons, de stylos, de feutres, tous les matériaux lui permettant de griffonner. À quinze ans, elle décide de travailler dans l'univers du dessin.

Après son bac, elle vit en Amérique du Nord plusieurs années puis, de retour à Paris, suit des études d'architecture intérieure.

Aujourd'hui, elle travaille pour la presse, la publicité et l'édition où elle développe son propre univers et celui d'auteurs.

Retrouvez la collection Rageot romans

sur le site www.rageot.fr

Dépôt légal : août 2017

imprimé en France par Dupliprint en avril 2023
N° d'impression : 2023041992 - N° d'édition : 6224522/02